最新最強の エントリーシート

'26 年版

自己PR・志望動機

JN117902

成美堂出版

はじめに
応募書類の"中身"で自分をアピールしよう

　新聞社やＩＴなど多くの業種で、経験者採用が広がっています。しかしその一方で、20歳代の人口減少もあり、多くの企業は新卒者の採用を続けています。

　新卒者の採用の第一関門とされているのがエントリーシートで、現在一般的に行われているのは、企業のホームページに直接アクセスするウェブエントリーです。しかし、あえて自筆で書かせ、そこに表れる人間性を見ようとする企業もあります。

　マニュアルどおりに行動することに慣れている学生の皆さんにとっては、「自分自身の頭で考えて分析し、自分自身の言葉で表現する」ということは、なかなか難しい課題といえるでしょう。しかし、文章を書くのが苦手な人も、現実問題としてエントリーシートをクリアしなければ前に進めません。本来、文章能力というものは一朝一夕には身につかないもの。就職を前に焦っても、急に文章がうまくなるというものでもありません。

　ただし、何事にも「コツ」はあります。本書はエントリーシートや履歴書を書くための、そうしたコツやヒントを中心に構成してあります。エントリーシートを前にして、数時間腕組みしてうなってしまうあなたなら、ぜひ本書を活用してください。

　大切なのは2本の柱、「自己分析」と「企業研究」です。これ

がしっかりできていなければ、いくら文章が上手でも、読み手である人事担当者の心を動かすことはできません。逆に言えば、文章そのものは多少粗削りであっても、中身の魅力でひきつけることは十分可能なのです。企業サイドが、「こういう学生なら、ぜひ一緒に働いてもらいたいものだ」と思うように自分をアピールすること、これに尽きます。

　みなさんの中学・高校生時のコロナ禍での活動も、企業側が関心を持つ点です。オンラインでの講義、部活動、留学など、どのように工夫したかを具体的にアピールしましょう。

　現在、理想像までの達成度が50パーセントだとしても、エントリーシートを記入するときには、70パーセントまで高めるように努力しましょう。そして、「入社のときまでには、90パーセントまで持っていくぞ、絶対にそうしてみせる！」という気迫で、就職戦線に立ち向かってください。

　そうすれば、あなたは必ず、勝者となっている自分に気づく日を迎えられるはずです。

編者

※本書は、とくにことわり書きのある場合を除き、2024年3月現在の情報に基づいて編集しています。

◆もくじ◆

1章 内定につながる エントリーシートはこれだ！

2章 好感度が高まる 履歴書はこれだ！

4章 採用担当者をひきつける 自己ＰＲはこれだ！

5章　大学生活で得たものを語るポイントはこれだ！

6章 手紙・Eメールの基礎知識＆インターネットのマナー

内定につながる
エントリーシートは
これだ！

■内定につながるエントリーシートの書き方
■記入する前の準備　4つのポイント
■ここで差がつく！　記入のコツ　10のポイント
■企業の求める人材を知れば効果的にアピールできる

エントリーシート
内定につながる
エントリーシートの書き方

　最近では、9割以上の企業がエントリーシートを採用するようになっています。また、志望者が千人単位で集まる人気企業では、当然ながらエントリーシートで第1次選考という「ふるい」にかけます。このように、就職活動のかなめともいうべきエントリーシートは、いったいどう書けばよいのでしょうか。どのようなエントリーシートが評価されるのでしょうか。だれしも知りたいところです。企業の人事担当者が何を望んでいるのか、エントリーシートを書くために必要な作業、記入にあたっての心得など、順を追って説明していきますが、まずは人事担当者に好感を持たれるエントリーシートの記入例を紹介しましょう。それぞれ、個性的なエントリーシートですが、共通しているポイントは次のとおりです。あなたも、ぜひ参考にしてください。

■勢いがある、元気がいい

　文章の上手、下手ではなく、どれだけ生き生きと書かれているかが全体の印象を決定します。エネルギーにあふれた若さ、躍動感の感じられる表現やエピソードを盛り込みましょう。企業がほしいのは、そうした元気はつらつとしたやる気のある人材なのですから。

■おやっ？　へえ～っと思わせる

　何百枚、何千枚と集まるエントリーシートの中で、どうしたら記憶に残るエントリーシートにできるのでしょうか。例えば、長所に「頭がよい」などと、冒頭から書いてあれば「おや？　なんてヤツだ、コイツは」と目に留まる可能性は十分にあります。もっとも、その後できちんとフォローした文章が続くことが必要です。「へえ～、おもしろそうなヤツだな、面接で会ってみたいな」と思わせるコメントを工夫しましょう。

■借り物の文章は使わない

　いくら名文でも、どこかで読んだような文の丸写しではダメ。最初の数行でオリジナルかどうかはわかってしまいます。お手本は参考にするにしても、きちんとかみ砕いて、自分のものにしてから文章を書くようにしてください。また、ダラダラ書くのではなく、ちゃんと結論も明確にしましょう。

都市銀行総合職のエントリーシート

フリガナ	○○○○　○○○○	大学	A　大学　経済　学部　経済　学科
氏名	○○　○○	大学院	大学　　　　学研究科　　　専攻
生年月日	200○ 年 2 月 1 日		
連絡先	現住所	〒166-0012　東京都杉並区和田2丁目○番○号　TEL 03-○○○○-○○○○	
	携帯	070-○○○○-○○○○　E-mail　○○○@so-net.ne.jp	
卒論のテーマ	公的年金制度の現状と改革案	資格	日本商工会議所簿記検定試験2級
		語学	TOEIC L&R公開テストスコア 600点、（200○年取得）

● 入社後にあなたがやってみたい仕事は何ですか。その理由も書いてください。

　　私は個人のお客さまを相手にする、リテール業務につきたいと考えています。安心して老後を迎えるための資産運用の方法や、住宅ローンの上手な利用のしかたなどを提案することで、直接お客さまに向き合い、役に立ちたいからです。私は人に接することが好きですし、人生経験の豊富なお客さまと話をすることで、逆に自分が学ぶところも多いと思っています。
　　貴社は私の生まれ育った地域に密着しており、大変身近な存在でした。また、リテール業務に力を入れているとお聞きしていますので、私の希望を実現するには最高の場だと確信しております。

● 学生時代にあなたが最も力を入れて取り組んだことは何ですか。また、その経験は今後どのように生かせると思いますか。

　　2年生のときのゼミで年金問題について学び、現在の年金制度について、自分なりの改革案をまとめました。また、定年後の資産形成にどのような金融商品が有効かを比較、研究しました。この研究によって得た知識は、リテール業務ですぐに役立つと思います。
　　また、自宅近くの書店でアルバイトを3年間続けました。ディスプレイやポップなどを工夫することで売れ行きが大きく変わることを知り、ものを売る仕事のおもしろさを実感しました。今どんな本が売れているか、情報を仕入れるように心がけ、自分でも多くの本を読むことで、お客さまの問い合わせに的確な対応ができるようになりました。アルバイトで身につけた接客の心構えを、今後も忘れないようにするつもりです。

総合商社のエントリーシート

写　真	フリガナ	○○○○　　○○○○		生年月日	
	氏名	○○　　　○○		20○○年 7 月 5 日（○歳）	
	フリガナ	トウキョウトネリマクカミシャクジイ			
	住所	〒177-0044　東京都練馬区上石神井 5 丁目○番○号			
	電話	03-○○○○-○○○○	携帯	070-○○○○-○○○○	
	e-mail	○○○○@biglobe.ne.jp			

	学校名・学部学科名・専攻名	入学	卒業 ※予定はその旨明記
高校	私立K大学付属高等学校	20○○年4月	20○○年3月
大学	K大学法学部政治学科	20○○年4月	20○○年3月予定
大学院			

英語：TOEIC（650点）　TOEFL（　　点） その他語学：中国語	海外居住経験／留学経験	
	国名：	国名：
	期間：	期間：

あなたの長所と短所は何ですか。

　長所は、1 つの物事に熱中できることです。そのためには、人が驚くほどの行動力を発揮します。たとえば、私の趣味はサッカー観戦ですが、日本代表の試合を見るために、海外までも出かけて行きました。そのチケット確保と遠征費稼ぎのためなら、努力を惜しまず、そうした姿勢は今でも変わりません。ただし、熱中しすぎてほかのことをおろそかにしがちなのが短所です。興味の範囲を広げて、バランスよく行動力を発揮できるように心がけたいと思います。

当社に関心を持った理由をお書きください。

　在日留学生の支援サークルで、さまざまな国の人と友だちになりました。ジェスチャーと片言の単語を並べて、お互いの国の文化を語り合ったりしたのも、楽しい思い出です。

　その体験を通じて、外国の取引先と交渉したり、協力し合って利益を上げたりする仕事をしたいと思うようになりました。

　貴社がとくに東アジア諸国との取引を重視している点も、そのような国々との文化・経済交流に興味のある私にとっては、魅力的です。

コンピューター会社のウェブエントリーシート

＊ウェブエントリーのため、氏名などの基本項目部分は省略

●コンピューター社会が抱える課題とその解決法について、あなたの考えを書いてください。

　　私たちの世代は、パソコンやスマートフォンを日常生活の中でごくふつ
うに使いこなしています。しかし、高齢者や障害者の中には、コンピュー
ターの恩恵を受けられない人も多くいます。私は、本当にコンピューター
が必要なのはそういう人たちだと考えています。
　　私の耳の不自由な友人は、メールやソーシャル・ネットワーキング・サ
ービスを活用して、いろいろな人とコミュニケーションし、交友範囲を広
げています。同じように、目の不自由な人や、体が思うように動かせない
人も、コンピューターによって便利で幸福な日常生活を実現できるように
しなければなりません。たとえば、音声入力システムなど、キーボード以
外のさまざまな操作方法をもっと使いやすいものにできないか、そんな技
術を研究したいと考えています。すべての人に使いやすいコンピューター
を貴社で追究するのが、私の夢です。

●あなたが学生生活で得たものは何ですか。

　　大学で吹奏楽部に所属し、部長を経験したことで、リーダーシップとチ
ームワークについて考えました。曲に対する解釈もそれぞれ違いますし、
演奏テクニックにも個人差があります。私が部長を引き継いだころは、演
奏がうまくいかないと人のせいにしたり、練習を無断欠席する部員がいて、
部員の心はばらばらでした。なんとか部の団結力を高めようと試行錯誤す
るうちに、一方的にリーダーシップを発揮してもうまくいかないのだと気
づきました。それからは部員一人ひとりの意見に耳を傾け、どんな音づく
りをしたいのかを納得のいくまで話し合い、共有することを心がけました。
そこにたどりつくまでに時間はかかりましたが、同じ目的に向かって協力
し、信頼し合って演奏会を成功させることができました。
　　社会に出てから、チームの一員としての役割を与えられることもあるで
しょうし、自分がリーダーになることもあるでしょう。どちらの立場であ
っても、自分の意見をしっかり持ったうえで、ほかの人の意見もよく聞く
という姿勢を忘れないようにしたいと思います。

家電メーカーのエントリーシート

写真	フリガナ	○○○○ ○○○○
	氏名	○○　　○○
	生年月日	20○○年8月13日（満○歳）

ふりがな	かながわけんよこはましつるみくひがしてらお		現住所TEL
現住所	〒230-0077 神奈川県横浜市鶴見区東寺尾7丁目○番○号		(045)○○○-○○○○
ふりがな			帰省先TEL
帰省先	〒 　　　　　同上		（　）　-
E-mail アドレス	○○○@ybb.ne.jp	携帯電話	070-○○○○-○○○○

高校	神奈川県立B高等学校	入学	20○○年4月	卒業	20○○年3月
大学・学部・学科	C大学経済学部経営学科	入学	20○○年4月	卒業見込	20○○年3月

サークル クラブ活動	テニスサークル（合宿や、他のサークルとの交流試合の企画・運営を担当しています）
アルバイト ボランティア活動	学習塾講師（中学生に受験対策を指導しています）
趣味・特技	読書（1週間に1冊を目標にしています） ウェブデザイン

①当社を志望する理由を書いてください。

　私は家電製品のカタログを見て、各社の性能の違いをそこから読み取ることができます。たとえば、テレビやエアコンの仕様、ブルーレイディスクレコーダーのハードディスク容量などの数値から性能を瞬時に読み取り、合理的な価格かどうか判断できます。私独自のデータによると、貴社はこの業界で総合力ナンバー1であり、私もデジタルカメラなど、貴社の製品を愛用しております。このすばらしい製品を、もっと多くのお客さまに薦めたいと考えて志望しました。

②あなたの人生で最大のチャレンジは何ですか。

　高校のとき、「交換留学制度」を利用した、２週間のアメリカへの一人旅です。高校１年のときに私の家にホームステイしたジャックに会うために、ジョージア州へ向かいました。それまで私は外国に行ったこともなければ、一人で飛行機に乗ったこともありませんでした。しかし、「自分の行動にすべて自分で責任を持つ」体験をしたくて、この計画を実行に移しました。

　緊張のフライトを終えてジャックと再会した喜びもつかの間で、彼とその家族の話すアメリカ南部なまりの強い英語が、ほとんど聞き取れませんでした。それまでの私だったら、曖昧にわかったふりをしてその場をやり過ごしたでしょう。しかし、それでは時間とお金をかけてアメリカまで来た意味がないと考え、わかるまで何度でも聞き返すことにしました。そのうち、相手の言うことが理解できるようになっていき、両国の習慣や文化の違いなどについて話すのが楽しくなってきたのです。

　この一人旅は、考え方の違いを受け入れることや、自分から心を開いて積極的に人とかかわることの大切さを私に教えてくれました。また、もっと英語力をつけたいという気持ちが強くなり、帰国後に独学で英会話の勉強を始めて、半年後にTOEIC L&R公開テストで700点を取得しました。

③あなた自身を自由に自己PRしてください。

　私はもともと慎重に考えてから行動するタイプでしたが、逆に考えすぎてしまい、行動に移せないところがありました。初対面の人と話したり、大勢の人が集まる場で自分の意見を言ったりするのも、苦手なほうでした。

　しかし、学習塾でのアルバイトを始めてから、人前で話すことが苦にならなくなりました。わかりやすく教えるためには、話し方もよく考えなければなりません。教えるべき内容を自分が十分理解したうえで、生徒に合わせたことばを使い、聞いている生徒の顔を見て反応を確かめながら先に進む必要があります。そのように工夫した結果、問題がうまく解けたときの子どもたちのうれしそうな顔を見ていると、自分までうれしくなりました。わかりやすい話し方の大切さや、人の役に立つことの喜びは、営業の仕事に通じるものがあると思います。

　また、短い期間でしたがアメリカに留学したことで、日本の文化や技術のすばらしさを再発見しました。日本国内での営業にとどまらず、いつかは外国に向けてすばらしい性能の家電製品を売り込む仕事をしたいと考えています。そのときに備えて、英語力を高める努力を続けながら、まず国内の営業で実績をあげることをめざすつもりです。

	フリガナ	○○○○　○○○○	
写真	氏名	○○　　○○	（○歳） 20○○年5月10日生
	フリガナ	トウキョウトセタガヤクサクラジョウスイ	
	現住所	〒156-0045 東京都世田谷区桜上水1丁目○番○号 TEL（03）○○○○-○○○○　携帯（070）○○○○-○○○○	
	フリガナ		
	休暇中の 連絡先	〒　- 同上 TEL（　）　　-	

ゼミ内容	資格（取得年月日）
企業会計学（企業の経営分析）	普通自動車第一種運転免許（20○○年2月） 実用英語技能検定2級（20○○年3月）
クラブ活動等	
水泳部	

学歴	学校名	学部・学科	入学	卒業
高校	私立D学園高等学校		20○○年4月	20○○年3月
大学	H大学	経済学部	20○○年4月	20○○年3月見込
大学院			年　月	年　月

学生時代で最大のチャレンジは何ですか？　それを通じて得たものをお書きください。

　小学生のころから続けてきた水泳の楽しさを、ほかの人にも伝えることです。水泳部員として毎日練習に励むだけではなく、アルバイトとしてスイミングスクールのコーチをしています。スイミングスクールには、水が怖くて泳げない子や、赤ちゃんといっしょのベビースイミングを楽しむお母さん、健康のために水泳を始めた高齢の方など、年齢や目的がさまざまな人たちがやってきます。その人たちがそれぞれの目標を達成し、笑顔になれるようにするには、どのように教えればよいか試行錯誤するなかで、コミュニケーション力や人と信頼関係を築く力が身につきました。人と接する仕事において、この力は必ず役に立つと確信しています。

あなたは将来、どのような職業人になりたいですか？

　「あなたにまかせれば安心」と職場や取引先の人にいわれるような、仕事ぶりを信頼される人間になることが目標です。そのためには、まず人の話にしっかりと耳を傾け、仕事の指示や相手の主張を正確に理解することが大切だと考えています。そして、自分のやるべき仕事をよりよいものにするにはどうすればよいか、常に考えながら取り組みます。

当社を志望する理由を教えてください。

　都心と自然の豊かな郊外を結び、人の生活を便利にして、充実させることに貢献しているからです。私は子どものころから、貴社の路線をよく利用してきました。最近は駅ナカにさまざまな商業施設ができて、移動手段としてだけでなく、駅そのものが魅力的になっています。利用者としての視点を生かし、多くの人の日常生活を支えたいと考えています。

当社に入社後、実現したいことは何ですか？

　駅ナカの施設の多様化と充実化にかかわる仕事に取り組むことです。とくに、駅ナカの保育園をもっと増やして、働く人の子育てを助けたいと思います。また、今後は高齢者がさらに増えていくので、駅のバリアフリー化をもっと推進し、ホームドアの設置などの安全性の向上、わかりやすい案内表示などについても検討して、「人にやさしい駅づくり」をめざしたいと思います。

小売業（百貨店）のエントリーシート

ふりがな	○○○○　○○○○	写真
氏名	○○　　○○	

ふりがな		
生年月日	20○○年10月20日生（○歳）	

ふりがな	ちばけんふなばししほんちょう	電話
現住所	〒273-0005　千葉県船橋市本町3丁目○番○号	047-○○○-○○○○

ふりがな		電話
休暇中の連絡先	〒　－　同上	

学校名		入学	卒業
船橋市立S	中学校	20○○年4月	20○○年3月
千葉県立M	高等学校	20○○年4月	20○○年3月
N　大学　文学部　英文学科		20○○年4月	20○○年3月見込
大学　学部　学科		年　月	年　月

資格・技能	中学校・高等学校教諭一種免許状（英語）取得見込　サービス接遇実務検定　準1級合格
外国語	英検　級　TOEFL　点　TOEIC 800点　その他（　　　　　　　）

●あなたの強みは何ですか。

　「笑顔と気配り」です。どんなに忙しいときやつらいときでも、笑顔を忘れず、まわりの人の気持ちを考えて行動することができます。オフィス街にあるコンビニエンスストアでアルバイトをしていますが、ランチタイムには近くの会社で働く人がお弁当を買いにくるので、とても混雑します。全体の状況をよく見て、お客さまをできるだけ待たせないように、3つあるレジにうまく分散させて誘導し、商品やお金の受け渡しはすばやく丁寧にするよう、心がけています。忙しいお客さまがほっと一息つけるような、「癒しのコンビニ店員」をめざしています。

●あなたが学業以外に力を入れたことは何ですか。

　テニスサークルに入り、体力の向上をめざすとともに、サークルを運営する役割も経験しました。メンバー全員ときちんとコミュニケーションをとり、コートの手配や会費の徴収から、さまざまな企画や実施まで担当しました。また、直接のコミュニケーションがとりにくくなった現在、リモートやLINEを使ってメンバーそれぞれの希望をできるだけ取り入れられるように工夫したので、この3年間でメンバーが20人増え、練習する際の出席率もアップしました。

●当社を志望した理由をお書きください。

　セミナーで貴社の先輩社員の方が、「お客さまから直接感謝の言葉をいただけるのが仕事のやりがい」とおっしゃったことに共感しました。コンビニエンスストアでのアルバイトで、私も同じ体験をしていたからです。また、リクルートスーツを貴社で購入したとき、販売員の方が私をひと目見て、好みのデザインでサイズもぴったりのスーツを出してくださいました。お客さまを喜ばせる販売のプロフェッショナルとして、貴社のこの販売員の方のような「ありがとう」の言葉をいただける仕事をしたいと思っています。

●当社へ入社後、何をしたいか、具体的にお書きください。

　まず、お客さまの気持ちをつかんだ、商品の提案ができるようになりたいと思います。お客さまが気軽に話しかけられる雰囲気を身につけ、コミュニケーションをとりながら、希望にぴったり合った商品を紹介して、楽しいお買い物のお手伝いができる販売スタッフをめざします。そして、お客さまの声に耳をかたむけて販売の経験を十分に積み、それを生かして、たくさんの人が「これがほしかった！」と思うような商品を企画する仕事ができるようになればうれしく思います。

●希望する職種と、それを選んだ理由を書いてください。

研究開発	品質管理	生産管理	営業	企画	
経理	財務	人事	総務	広報	法務

自分自身を振り返ると、成長とともに食べ物の好みが変化しているのを感じます。もっと年齢を重ねれば味だけでなく、歯ごたえなどの好みも変わり、必要な栄養素も違ってくるでしょう。これからは、高齢者を対象とした食品の開発が、より課題になると思います。多くの人にいつまでも食べる喜びを味わってもらえるような、食べる人の年齢に配慮した食品を企画する仕事に携わりたいと考えて志望しました。

●当社に関心を持った理由をお書きください。

貴社は、私が物心つくころに食べていたものと同じ商品を、今も変わらぬ高品質で消費者に提供し続けています。その一方で、時代に合わせた新商品も毎年発表しており、常に新しいものを求める姿勢を忘れません。入社すれば、その伝統を生かしながら、さらに新しいものが生み出せると考えています。

●あなたのセールスポイントは何ですか。

私は、「食」にはかなりのこだわりを持っており、自分の味覚に自信があります。とくに好きなのがラーメンとカレーで、「おいしい」と評判の店には、できるだけ足を運びます。インスタントラーメンやレトルトカレーも、各社のものを食べ比べたり、どんな隠し味を加えればおいしくなるのかを研究したりしています。手ごろな価格のインスタント食品を高級レストランの味に変える裏技を友人に伝授して、喜ばれています。この特技を仕事に生かして、「手軽にできてどこよりもおいしい」と評判になる食品を企画、開発したいと思います。

携帯電話販売会社のウェブエントリーシート

---

1. 学生時代に最も熱心に取り組んだことについて、ご記入ください。

学習塾でのアルバイトで、中学生を対象に「わかりやすく教える」と「結果を出す」の2点を追求しました。教え始めて最初のショックは、自分の担当クラスのテストの平均点が、いちばん低かったことです。自分ではいろいろ工夫して授業をしたつもりでしたが、生徒に伝わっていなかったことを痛感しました。そこで、「今日の授業のまとめ」の書き込み式プリントを作成して、生徒が学習内容を自分でチェックできるようにしました。また、生徒の表情をよく観察して、理解できていない様子が感じられたら、授業後に話しかけて、わかるまで説明をくり返しました。それを続けるうちに、自分の教え方のどこに問題があったかがわかるようになり、生徒たちもだんだんやる気が出てきて、3か月後にはテストのクラス平均点が全5クラス中トップになりました。社会人になってからも、お客さまへのわかりやすい説明と、仕事で結果を出すことをめざして、努力を続けます。

---

2. これからのコミュニケーションのあり方と当社が果たす役割について、あなたの考えを自由にご記入ください。

パソコンやスマートフォンの普及によって、「いつでも・どこでも」人とコミュニケーションできる時代になりました。ただ、そのことが直接会って話す機会を奪っているとしたら、問題だと思います。これらのツールがあることで、人と人の絆がより深まるようなサービスを考えていく必要があります。また、携帯電話の主流がいわゆる"ガラケー"からスマートフォンに移り、便利になった点もありますが、とくに高齢者などには、機能が複雑になって使いにくくなったと感じている人も多くいると思います。スマートフォンがうまく使えないために社会から取り残され、孤立する人が生まれないように、高機能さとシンプルな操作を両立させた商品をさらに提供していくことが、今後の課題の一つだと考えています。

●あなたの長所をひとつ書いてください。(50字以内)

> 計画を立ててねばり強くこつこつと物事に取り組み、やりとげることです。

●あなたの短所をひとつ書いてください。(50字以内)

> 自己主張が苦手で、自分の意見を言うのを遠慮してしまうことです。

●あなたの人生で最大の挫折は何ですか。また、それをどのように乗り越えましたか。(200字以内)

> 大学1年のときに、自分の不注意から体調を崩して10日間入院してしまったことです。期末試験の前だったので、授業内容について友だちに教えてもらったり、アルバイトもほかの人に代わってもらったりして、いろいろな人に迷惑をかけてしまいました。その経験によって、責任感をもった人間になるには健康管理も大切だと気づき、どんなに忙しいときでも睡眠時間や食事に気を配り、計画的に物事を進めるようになりました。

●当社の企業研究をするなかで、どのようなところに共感しましたか。(200字以内)

> 貴社のインターンシップに参加し、働いている皆さんのお話を聞いて、「人の生活を支える街づくり」に誇りを持っていらっしゃることを感じました。地域の特性を生かしながら都市の再開発を行って、商業ビルやキャンパスなどをつくることで、日本を元気にしている貴社のお仕事に共感しています。

就職戦線を勝ち抜き、見事に内定を手に入れた大学生の皆さんに、「こんなポイントに注意した」という体験を語っていただきました。ぜひ、参考にしてください。

[K大学法学部・Kさん]

「エントリーシートには、ありきたりの文章を書かないように気をつけた。少々ドラマ性を持たせ、起伏のあるストーリーを心がけた。もちろん、変に格好つけずに、自分がふだん思っていることを率直に述べるのがいいと思う。

例えば私は、面接で『今までに最もつらかったことは何ですか？』と聞かれて、『死んでもいいと思えるほど愛していた彼女に失恋したことです』と答えて、面接官の笑いを取り、場を和やかなムードにして成功したことがあった。内定につながったのは、素直な自分を出し切れたことと平凡な印象を与えなかったからだと思っている」

[J大学文学部・Fさん]

「『学生時代にやったこと』という質問は必ずあります。ここではできるだけ具体的に記入しましょう。そのうえで、どんなささいなことでもよいからプラスになったこと、自分が学んだことを書く。決して成果や結果だけを書いて終わらないように。どんな素晴らしい結果でも、そこから何も学べないようでは記述する意味がありません。

また、どんな質問も、志望動機につながる答えを書ければベストです。頑張ってください」

[H大学経済学部・Sさん]

「周囲に流されて就職活動を始めたので、その業界・企業を志望する明確な動機を見つけるまで時間がかかった。業界・企業研究は惰性でやっても頭に入らないので、何か動機を見つけてから進めるほうが望ましいと思う。また、エントリーシートを書く気が起きない企業は無理して書かなかった。結局、その会社への興味・関心が薄いことの表れであり、無理して書いて面接まで行っても、そこで志望度の低さを見抜かれて落とされるなら時間のムダだと思う」

エントリーシート
記入する前の準備
4つのポイント

① 自己分析をする

■就職活動とは、自分をセールスすること

　就職活動とは、ほかのだれでもない「この私」を企業に売り込むための活動です。「私はAさんやBさんよりも、ここが優れていますよ、どうせ買うなら、私を買ったほうが得ですよ」と企業相手にセールス活動をするわけです。

　この場合、「私」を「商品」と考えてみます。買い手である企業から見れば、「私」「Aさん」「Bさん」のだれにするかは大問題です。「社員」という商品はある意味で一生ものですし、とても高価で、買った後で「しまった、別のものにしておけばよかった」と悔やんでも、簡単に取り替えることはできません。

　十分納得して「この私」を買ってもらうために、いちばん重要なことは何でしょうか。それは**「私という商品を徹底的に知っておく」**ということです。

■「商品＝自分」をよく知らなければ売り込めない

　例えば、あなたが車を買うとします。当然、車の性能やデザイン、色が気になるでしょう。そして、ほかの車と比較してどこがよいか、と質問したとき、販売店のセールスマンが「よくわかりません」と答えたら、あなたは買う気が起きるでしょうか？　まず、「このセールスマンは、車を売る気がないんだな」もしくは、「この車の性能に自信がないので、答えられないのだろうか」と思うかもしれません。

　それと同じことが就職活動にもいえます。企業の担当者に、「あなたの長所は何ですか？」と聞かれたとき、自信を持ってはっきり答えられなかったら、「この学生は入社したいという熱意があるのか？」と思われるのがオチです。その企業はあなたを採用したい（買いたい）と思うでしょうか？

　自分という商品の特徴をよく知ることは、就職活動の基本中の基本です。自分自身のことを詳しく知らないと、自分のどこが優れているのかを相手に訴えることすらできません。まして企業の採用担当者に、「この学生をどうしても採用したい」と思わせることなど決してできないでしょう。

■過去の体験から自己分析をする

　では、自分をよく知るには、どうすればよいのでしょうか？

　いちばんよい方法は、過去の経験に基づいた自己分析を繰り返し行うことです。漫然と「自分は積極的なタイプかな、消極的なタイプかな」などと考えを巡らせても、なかなか答えは出てきません。それよりも、過去の経験をじっくりと思い出し、1つひとつの出来事を通して、自分がどんな人間だったかを具体的に振り返ってみましょう。授業やゼミ、サークル、アルバイト、旅行、オンラインを含む留学、ボランティア、そうした出来事を通じて、あなたはどう振る舞い、何を得たのでしょうか。何か、心に残る具体的なエピソードはなかったでしょうか。じっくりと時間を取り、よく思い起こしてみましょう。

　大切なのは、自分の性格や人柄を漠然と考えるのではなく、**経験に基づいて具体的な答えを導く**ことです。積極的である、協調性がある、リーダーシップがある、向上心がある、などといった事柄は、就職活動で自分を売り込む際にしばしば登場します。しかし、「積極的な人間です」と百回唱えても、積極的かどうか、相手には伝わりません。それよりも、積極的であることを象徴的に示す自分の経験をよく思い出し、それを披露したほうがはるかに効果的です。

■第三者から見た自分を知っておく

　さらに、「自分という商品」をよく知るうえで絶対に欠かせないのが、第三者の目線です。積極的な人間だと思っていても、周囲から見れば消極的なタイプに映ることは珍しくありません。逆に、引っ込み思案な性格と思っていても、周囲から積極的なタイプと思われることもあるのです。あるいは、自分ではまったく気づかない長所が備わっているかもしれません。

　そういった独りよがりを防ぐためにも、友人や知人、先生など、**第三者による評価**は絶対に必要です。「私の長所は積極的なところだと思っているけど、どう思う？」と周りの人たちに、どんどん聞いてみましょう。自分では忘れていた意外なエピソードを掘り起こせるかもしれません。こうしたことをくり返すうちに、あなたはどんどん「自分」が見えてくるはずです。「私」という商品の長所や短所、ユニークな点、ありふれた点、さらには、改善すべき部分も見えてきます。

② 企業研究をする

■第一段階は、業界研究から

将来、あなたはどんな分野で仕事をしたいと考えていますか？

職業の種類は山のようにありますし、業界をおおざっぱに分類しても、建設・建築、機械工業、鉱工業、エネルギー、食品製造、商社、銀行・証券、小売業、広告、旅行業、航空・鉄道など、それこそ数え切れないほどです。

就職活動を始めるにあたっては、おおよそどの分野で仕事をしたいのか、照準を定めなければなりません。つまり、**「志望の業界を絞る」** ことが必要なのです。

業界をある程度絞ることができたら、企業研究の第一歩として、まず業界研究を始めましょう。業界研究は、個別企業を対象としているわけではありませんから、対象も幅広く、漠然としすぎている印象を受けるかもしれません。しかし、志望先の企業が、業界全体でどのような位置にあるか、志望先企業の成長性はどうかなどを調べるうえでも、業界研究は欠かせない項目です。

業界全体について調べるには、その業界の概況を著した書籍が役に立ちます。就職関連の書籍や、やや専門的な書籍として刊行されている場合もあります。雑誌や新聞、インターネットを継続的にチェックしていれば、その業界のおおよその傾向はわかってきます。また、主要な業界には「業界団体」が例外なく存在しますから、パンフレットや最新データを照会してもよいでしょう。

■業界研究がひととおり終わったら、業種・職種研究

業種・職種研究が大切なのは、「世の中にはどんな仕事があるか」を改めて考え直す機会でもあるからです。

最近は、職種ごとに新卒者を採用する企業が多いようです。最初はどうしても知名度で企業を選びがちですが、それよりも**その業界・企業にどんな職種があるのか**を、十分に研究してから就職活動を始めることが重要です。

例えば、財務関係の仕事に就きたいと思っている場合、「財務」はどの企業にも存在しているわけですから、業界研究だけでは不十分です。新規事業を展開しようとしている企業では、新たな形で財務セクションを重視している可能性がありますし、反対に業績が伸び悩んでいる企業では、前向きな財務の仕事

はできそうもありません。

　コンピューター関係の仕事は、今ではどの企業にも存在しています。その類の仕事は外注に出されていることも多いのですが、自社で技術者を抱え、システム開発を手掛ける企業も少なくありません。コンピューター関係の仕事をしたいと思った場合、コンピューター業界だけが就職先ではないわけです。

　業種・職種研究の方法は、業界研究と同じで、コツコツと資料を集めて読んだり、インターネットを使って情報を集めたりします。そうした作業を重ねているうち、それぞれの業界・業種事情や職種の多様さなどが、自然と理解できるようになるはずです。

■業種を絞ったら、個別の企業研究をする

　個別の企業研究をするときは、各企業ごとにウェブで調べたり、その会社の商品・製品を実際に使ったり見たりしてみましょう。有名企業・大企業が志望先なら、新聞記事や広告、有価証券報告書に丹念に目を通しておくのも有効です。また、『就職四季報』（東洋経済新報社）で資本など具体的な情報も集めましょう。優れた経営者を持つ企業なら、その経営者に関する著書が出版されていたりするので、目を通しておきましょう。

■自分が働くことを考えて企業研究をする

　事前の業界研究ができていれば、個別の企業を調べるうちに、その企業の特性や成長力、業界内外での評判なども次第に判明してきます。企業研究は、あなたがそこで働くことを前提として行うべきです。企業の成長性や経営理念、業績、規模といった基本的事柄はもちろん、どんな部署があるのか、地方や海外拠点はどうか、自分の能力や経験はどんな場面で生かすことができそうかなど、そうした具体的なことをイメージしながら、研究を進めます。例えば、あなたが将来は語学力を生かして海外勤務をしたいという希望を持っているのであれば、志望先の企業に海外拠点があるのか、入社後どのぐらいキャリアを積めばそこに配属されるのか、といった事柄も研究の対象になるでしょう。

　企業のホームページをただ眺めるのではなく、ぜひ、自分が就職した場合のことを考えて、研究を続けましょう。自分に直接結びつけて考えれば考えるほど、就職活動も真剣味を帯び、その過程で就職に対するあなたの熱意が、次第に強まっていくはずです。

③ OB・OG訪問は積極的に行う

■企業研究はそこで働く人の実態を知ることが大切

　業界研究や個別の企業研究は、どうしても資料や書籍からわかる「外見」が中心になりがちです。しかし、企業を作っているのは、あくまで「人」です。そこの人々によって形作られる「社風」というものも、歴然と存在します。社風や伝統は、印刷物に目を通すだけでは、なかなか実感できません。そこで、その企業で働く人に直接会い、どんな人がいるのか、仕事のやりがいはどうか、実際の待遇はどうか、などを見聞きすることが必要になってきます。

■OB・OG訪問だと、緊張せずに話が聞ける

　ただし、知り合いがだれもいない会社の正面玄関に、いきなり足を踏み入れても、会社側からは相手にしてもらえません。まず、志望先のOB・OG訪問から始めましょう。個人情報の取り扱いが厳しくなっています。大学によっては卒業生を紹介してくれない場合もあります。そんなときはゼミの先生やサークルの先輩からたどりましょう。高校の同窓生を頼る方法もあります。直接会えないときはリモートやLINEを使いましょう。最近ではOB・OG訪問アプリもあります。また、企業によっては、自社の若手社員を紹介し、面談をセットしてくれる場合もあります。

　OB・OG訪問のよいところは、学生に**比較的年代が近い社員と直接話ができる**点です。課長や部長級の管理職になると、緊張もするでしょうし、第一、忙しすぎて時間を十分に取ってくれる可能性もほとんどありません。逆に、入社数年から10年程度の社員なら、まだ学生時代の就職活動の苦労も鮮明に記憶しており、学生たちの質問にも丁寧に応じてくれる可能性が高くなります。

■若手社員がリクルーターのこともある

　さらに、就職活動でのOB・OGや若手社員との面談には、仕事の話を聞いて企業研究に役立てる以上の意味があることに留意してください。若手社員たちは、何も親切心だけで現役学生の相手をするわけではありません。彼らは企業人として、「この学生はうちで通用するかどうか」「いい学生がいたらぜひ採用を会社に進言したい」といった考えのもとで、学生たちの相談にのるわけです。企業によっては、こうした若手社員を「リクルーター」と位置づけ、採用

活動の一端を業務として担わせている場合もあります。

ですから、学生気分の延長でOB・OG訪問をすると、とんでもないことになるおそれもあります。仮に失礼なことがあった場合、紹介してくれた大学や教官に迷惑をかけますし、後に続く同窓生にも影響を与えてしまいます。

実際のOB・OG訪問では、礼儀正しい言葉遣いと態度で、積極的に質問、疑問をぶつけてみましょう。せっかく会ってもらったのに、会話も弾まない状態では、社会人としての基礎力に疑問符がつけられてしまいます。**面接の前段階と思って臨むくらいの気構えでちょうどいいでしょう。**

■疑問点はどんどん聞いておく

OB・OG訪問はあくまでも企業研究の一環です。就職活動の重要な要素ではありますが、自分を売り込むよりも、会社の社風、仕事のやりがい、待遇など、だれしも疑問に思うことを、どんどん質問するのが大切です。機会があれば、同じ企業の別の若手社員を紹介してもらい、同じようなことを尋ねるのもよいでしょう。複数の社員から話を聞けば、漠然としていた業界、業種、企業に対するイメージが、一気に具体化してくるはずです。オフィスや工場などの見学の機会を作ってもらえれば、イメージはさらに具体化するでしょう。

そういう体験を重ねる中で、志望先の企業は自分に合っているかどうか、自分の能力が存分に発揮できるかどうか、社風や伝統は自分と肌が合うかどうかといった疑問に対する答えが、自然に出てくると思います。

■就職活動は「自分探し」でもある

実際の就職活動では、**「情報は人にあり」**といわれます。まさに至言で、自分の足で歩き、直接人から入手した情報は、何物にも代えがたい力と価値があるのです。経験を積んだ先輩社員のアドバイスによって、自分自身の違う可能性に目を見開かされることもあるでしょう。

就職活動は、「自分は何者か」を見極める「自分探し」の長い道のりです。そのなかでの人との出会いや交流は、きっと何かの財産になるはずです。

最後に、忙しい最中に時間を割いてくれた先輩社員に対しては、すぐにきちんとお礼状を出しましょう。その場合は、メールよりも手紙のほうが好印象です。お世話にな

った人への礼状は、社会人としての最低限のマナーです。決して忘れないでください。

④ 就職ノートを作る

■就職活動をメモしてネタ作りに活用

「就職活動は自分探しの旅である」。旅である以上、天候の急変や地図に載っていない道、分岐点にも遭遇します。就職活動は、最も充実した学生生活を送れる時期ともちょうど重なりますから、まさに人生の一大転機になる可能性をはらんでいるといってよいでしょう。

そして、就職活動が佳境に入れば、とてつもなく忙しくなってきます。そこで、ぜひ「就職ノート」を１冊用意してください。これは、就職活動のスケジュールや企業研究の結果などをまとめるということよりも、**あなた自身の就職活動の軌跡を綴る**ことに重点を置いたノートです。

■助言を書き留めていくと重要な戦力になる

教授への相談、キャリアセンターのガイダンス、仲間との話し合い、ＯＢ・ＯＧ訪問など、就職活動には種々のステージがあります。「１．自己分析をする」でも説明しましたが、就職活動で最も大切なのは、自分はどんな人間か、セールスポイントは何か、をきちんと見極めることです。ところが、自分の性格や長所・短所は、自分自身ではなかなか気づかないものです。それを補ってくれるのが「第三者」の目であり、よきアドバイスだといえます。

就職ノートには、そうした「助言」等を書き留めていきましょう。その中身が増えるに従って、内容は自ずと一定方向にまとまっていきます。このノートは、やがて本番のエントリーシートを書くうえで、重要な戦力になります。

ＯＢ・ＯＧ訪問などの活動をしたときや助言をもらったときに書き留めた内容は、文章を少し工夫するだけで、そのままエントリーシートの「自己ＰＲ」や「志望動機」に使えるはずです。考えがまとまらず、思考が止まりかけたときなどにも、このノートは必ずあなたに力を貸してくれるでしょう。

■就職ノートはエントリーシートの下書きである

就職ノートのもう１つの効用は、エントリーシートに記入するうえでの練習を知らず知らずのうちに積み重ねられるということです。

後で詳しく述べますが、エントリーシートの基本は、簡潔かつ具体的で明確

に書くことです。ところが、白紙のエントリーシートを前にすると、たいてい
の人は大あわてしてしまいます。最近の大学生には「作文や論文は高校生のと
き以来、まともに書いたことがない」という人もいるそうですが、それならな
おさら、白紙のエントリーシートを前にすれば、心は落ち着きを失ってしまう
でしょう。

エントリーシートは、自宅でじっくりと書く時間があるため、「提出日が近
づいてから考えればいい」と勘違いをしている人もいるようです。しかし、志
望企業を研究したうえで、自分のセールスポイントがきちんと伝わる文章にま
とめあげる作業は、簡単ではありません。そこで、早くから準備した人とそう
でない人とで、大きな差がつくのがエントリーシートの怖さなのです。

エントリーシート記入のポイントが「簡潔、具体的、明確」であるなら、少
しでも早く、それに沿った準備に着手した人が有利になっていくのは自明の理
といえます。その際、種々の人からの助言等を記した就職ノートは、大変な力
になります。自分の性格や能力、長所などについて、多くの人から話を聞き、
さらに自己分析を行い、その要点を次々に就職ノートに記しておきましょう。
これは、簡潔に記述する力を養います。質問に対する記入のポイントをどこに
おくか、これを短時間に見極める力もついていくでしょう。

つまり、就職ノートを丹念に書き続けることは、その間、一貫してエントリ
ーシートの下書きを行っているのと同等の意味があるわけです。「書く」こと
に対する苦手意識を捨て去るためにも、就職ノートへの記録の継続は大いに役
立つことでしょう。

■何事も「継続は力なり」である

大学入試の受験勉強が「継続は力なり」であ
ったように、就職活動でも「継続は力」です。
松下電器（現パナソニック）の創業者で、経営
の神様といわれた故・松下幸之助氏は「君が成
功しないのは、成功するまで続けないからだ」
との名言を残しています。

希望する企業への就職を果たすためにも、ぜ
ひ、就職ノートを軸に「継続は力なり」を実践してください。

ここで差がつく！
記入のコツ 10のポイント

① どの項目も「自己PR」の場だ！

■あなた自身を上手に売り込もう

　エントリーシートの構成は企業によってまちまちですが、大きな項目はどの企業のエントリーシートも一致しています。大まかに言うと、「志望動機」を問う項目、「自己PR」を書く項目、「学生生活」について記す項目などに分けることができます。各欄の質問内容は違っていても、だいたいこの項目に分類することができるでしょう。

　「あなたの長所は何ですか？」「だれにも負けないことを教えてください」といった質問は、自己PRそのものです。逆に、「短所」に関する問いがあったとしても、それも広い意味では、企業側はあなたの自己PRを聞きたいと考えているのです。

■企業は、あらゆる質問であなたを把握しようとしている

　エントリーシートを眺めていくと、「志望動機」に関する項目が必ず目に飛び込んできます。「当社を志望する理由を教えてください」といった質問はもちろん、「会社に入って何をやりたいですか？」「あなたのどんな能力が当社で生かせると考えていますか？」などの質問も、志望動機の中に入るといえます。

　会社に対する意見・提言を求める質問も、志望動機が形を変えたものといってよいでしょう。さらに「学生生活で力を入れたことは何ですか？」という質問も、必ず登場します。授業やアルバイト、サークル活動など、内容を細かく区切って尋ねられる場合もあります。いずれにしろ、学生生活に関する質問がまったく登場しないエントリーシートは、ほとんどありません。

　企業としては、あなたという人間の全体像を、これらの設問の答えから把握しようと考えているわけです。長所・短所の項目で積極性がアピールされているのに、大学時代に得たものの項目で、どう見てもそれが感じられない体験が述べられている、などという矛盾がないようにくれぐれも気をつけてください。

■自分の熱意を伝える工夫を凝らそう

「自己ＰＲ」に関する項目で、自分の特技や長所を強調するのは当然ですが、「志望動機」や「学生生活」に関する項目でも、自己ＰＲを含めて記す姿勢が絶対に欠かせません。

志望動機を述べる際、「その職業に憧れたから」「企業に将来性を感じたため」だけでは、自己ＰＲとしてはパンチ不足です。「学生生活」では、ゼミやサークル活動について、「これこれをやった」「こんな経験をした」などと事実を羅列するだけでは、企業の採用担当者の気持ちをつかむことはできないでしょう。なぜなら、こういった回答では「自分自身の長所や特徴を具体的に売り込んでいる」ことにはならないからです。

どの項目であっても、**自己ＰＲにつなげる姿勢**、これがとても大切なことなのです。「志望動機」を記入する際は、自分のどんな能力を企業で生かしたいのかなどを書き、自分の能力と会社の接点をはっきりと売り込みましょう。また「学生生活」は事実の羅列に終わらせずに、そこで何を学び、自分はどう成長したのか、それを社会でどう生かすつもりなのかを記しましょう。

■自分で自分を売り込めなければ内定は取れない

就職活動は一にも二にも「自己ＰＲ」です。どんなに優れた企業研究を行っていても、どんなに素晴らしい能力を持っていても、自分で自分をきちんと売り込めない人は、なかなか内定がもらえません。就職活動における自己ＰＲは、単なる自己紹介とは違うことを十分に認識する必要があります。自分の能力と熱意をきちんと訴えること、これが就職活動に際しての自己ＰＲの基本です。

限られた大きさの紙の上にあなたの人生と熱意を凝縮させるわけですから、エントリーシートの作成は大変な作業です。慣れてくると、いかに記入スペースが小さいか、がく然とするはずです。売り込みのチャンス（スペース）が、実はとても小さいことが理解できれば、どの項目も「自己ＰＲ」につなげることの意味は、自ずからわかってくるでしょう。

「エントリーシート」は、すべての項目が自己ＰＲにつながっている。それを忘れずに、作成に取り組んでください。

② どの項目も「志望動機」につなげよう！

　どの項目も自己ＰＲにつなげることの重要性は、前項で説明しました。同様に重要なポイントが、もう１つあります。それは「どの項目も志望動機につながっていくような書き方を心がける」という点です。これは「どの項目も自己ＰＲにつなげる」ことの裏返しですが、忘れないようにしましょう。

　では、どの項目も志望動機につなげるとは、どういうことでしょうか。

　エントリーシートの各記入欄が実は意外に小さいということは先に記しました。「志望動機」で重要なのは、企業研究の成果や仕事に対する意欲をアピールすることです。なぜこの業界なのか、なぜこの職種なのか、なぜこの企業なのか、そういった点をきちんと書いていないエントリーシートは、就職活動における本人の自覚がまだまだ足りず、企業側から「甘い」と一蹴されかねません。

　しかし、一方では「志望動機」に直接関係する項目は、記入スペースも限られており、狭い意味での志望動機を書き連ねていくうちに、スペースはいっぱいになってしまう可能性も十分にあります。だからこそ、**ほかの項目でも「志望動機」につなげる**ような書き方が求められてくるわけです。

■ 自分の経験を志望動機につなげていく

　例えば、あなたが旅行会社志望なら「学生生活」を記す項目で、「神社・仏閣を巡る旅をし、日本文化に触れました。こうした、旅で得られる新しい刺激を楽しさとともに多くの人に味わってほしいと思うようになった」と書くのも有効です。また、建設会社志望なら「新しくできた複合商業施設を見て歩き、人を楽しませる空間作りに興味を持った」と記すのもよいでしょう。

　これほど直接的な関係を示さない場合でも「サークル活動を通じて組織運営の難しさを知った」「目標を達成することの喜びと大変さを味わった」などの文章を記し、社会人になるための心構えができていることを強調するだけでもむだにはなりません。

　一方、「自己ＰＲ」欄でも、志望動機につなげる書き方をめざすことが必要です。「自分は積極的な人間だ」「何事にも粘り強く取り組む性格です」といった記述にとどまるのではなく、それらの長所を社会人として、どう役立てていくつもりなのかを書けば、志望動機につながった書き方となります。

③ 具体例と体験が命だ！

　重要なのは、どの項目も「自己ＰＲ」や「志望動機」につなげた書き方をめざすことです。しかし、それだけではまだ、エントリーシートにどういった事柄を書けばよいのか、なかなかイメージできないでしょう。そこで重要になるのが「具体的事例」「エピソード」「体験」といった要素を盛り込む点です。

■具体的事例でライバルに差をつける

　就職活動は、大勢のライバルたちとの「売り込み合戦」です。ところが、「自己ＰＲ」を語ろうとすると、どうしても「積極的」「忍耐強い」「リーダーシップがある」「協調性に秀でている」などの抽象的な内容になりがちです。自分の長所を懸命に売り込もうとしても、性格や能力を直接的な言葉で語ろうとすれば、抽象的な内容にならざるを得ません。それでは、どのようにすればほかの学生との差別化を図ることができるのでしょうか。**具体的事例やエピソード、自身の体験を上手に盛り込む**ことによって、企業側の目を引くようにし、印象度を高めることが、ポイントです。

　「貴社の社会事業は実に素晴らしく、私も、そのような企業の一員として働けることを強く願っています」。仮に、志望動機欄でこう書いたとしても、本人の気持ちは、今ひとつ強く伝わってきません。「社会事業」とは何か、その事業とどういう接点があり、どこが素晴らしいと思ったのか。また、企業の一員として、どんな部署で、自分自身の能力をどう生かしたいのか。そういった要素が入らないと、目に留まるエントリーシートにはなりません。

　どの項目であっても、必ず体験談や具体例を盛り込みましょう。その具体的な体験やエピソードの内容によって、かなりの差が生じるのです。もちろん、体験のすべてを詳細に書く必要はありません。

　要は、自分自身の長所や能力を売り込むにあたっては、具体例を添えることこそ、その内容に迫力・迫真性が生じるということなのです。ですから、エントリーシートの各欄では、もれなく具体的事例を盛り込みましょう。「なるほど、そういう体験があったからか」と企業側に思わせることができたら、上出来です。

④ 過去は謙虚に、将来は堂々と語れ！

エントリーシートを書くときは、どうしても「自分を大きく見せよう」という気持ちが、知らず知らずのうちに働くものです。しかし、実像との差がありすぎると、どこかの段階で必ず見破られてしまうものですし、面接等の段階でボロが出るといった事態になりかねませんから、注意が必要です。

■「謙虚さ」は消極性ではない

そもそも就職活動に臨む姿勢としては、「自慢」よりも「謙虚さ」が好まれます。ただし、この場合の「謙虚さ」は、遠慮や消極性、引っ込み思案といった態度と同一ではありません。自分の体験や信念に自信を持ち、**積極的な自己評価を与え**つつも、冷静な視点、**客観的に自分を見つめる**ことを忘れない、そういったバランス感覚のなかで発揮される姿勢が「謙虚さ」なのです。

「音楽サークルで幹部を務めました。幹部はサークルを統率する大変重要な職責でしたが、後輩の信頼も集め、やり抜きました」。この文章を読むと、どうも自慢が感じられます。それよりも「音楽サークルで幹部を務めました。サークルを統率するこの立場を1年経験し、組織を動かすことの難しさとおもしろさを味わいました」と書くほうが、好感を持たれるでしょう。ポイントは「難しさを味わった」という部分です。難しさに言及することで、真摯な態度や自分を客観的に見てみようという姿勢が読み取れます。

■熱意ある前向きな姿勢も必要

もっとも、エントリーシートが全編、謙虚さに貫かれていたとしたら、それはそれで、若者らしい元気のよさを欠いた内容ともなりかねません。ですから、もう一方では、**堂々と夢を語る**ことも必要です。とくに「会社に入って何をしたいか」といった将来に関する回答では、積極的に自分の希望や夢を書き記しましょう。その場合に大切なのは、その会社のことをきちんと研究していることが相手に伝わる形での「何をしたいか」です。漠然とした夢だけで終わるのでは印象に残りません。熱意を持って、前向きな姿勢を強調しましょう。それだけで自分の「やる気」を表現することにもつながります。

ただし、この場合も地に足のついた内容を心がけてください。あまりに突拍子もない「前向きの姿勢」は、本人の幼さを露呈する可能性があります。

5 内容の重複を避けよ！

　エントリーシートの記入欄は、質問内容があれこれと多岐にわたります。その内容は大きく3つに分類されると先に説明しましたが、全体のバランスを意識することも重要です。「バランス」には種々の解釈がありますが、ここでは、**「1つの内容に偏らない」「できるだけ、多様な自分を表現する」** という意味でとらえてください。

■同じ内容の自己PRでは、幅のない人間と思われてしまう

　学生時代のサークル活動で、音楽サークルの部長を務め、自分のリーダーシップには、かなりの自信を持っていたとします。その当人がエントリーシートに記入する際、「学生生活」を問う項目で、サークル活動のことを記すのは、ある意味では当然です。しかし、「志望動機」や「自己PR」の項目でも、サークル活動の経験が盛り込まれ、リーダーシップに関する持論を延々と主張していたとしたらどうでしょう？　普通なら「ほかに書くべき内容はないのか」といった疑問を企業側が持ったとしても、不思議ではありません。

■いくつかのエピソードで自分の多様性を表現する

　学生時代のことに関する質問で、音楽サークルの幹部としての日々を記したならば、志望動機や自己PRなど、同じエントリーシートの違う項目で、同じ内容を再度登場させるのは考えものです。どうせなら、**各欄ごとに用いるエピソードは重複を避け、なるべく違った具体的事例を活用する**ことを優先させましょう。それが多様な自分自身を表現することにつながるのです。

　例えば、ボランティア活動を通していろいろなことを学び、成長したという学生が、大学時代に得たもの、自己PR、長所もすべて、そのボランティア活動に関するものだとしたら、どうでしょう。また、エントリーシートの中では、「最近関心を持っていることは何か」という質問がよく登場しますが、そこでの回答も「ボランティア」だとしたら、ほかの体験はしてこなかったのかということになり、自ら視野の狭さを露呈してしまうことになりかねません。

　いちばん大きな軸になるエピソードや体験以外にも、人間としての幅広さ、懐の深さを強調するために、「複数の体験やエピソードを用意する」ことを念頭に置いてください。要はバランス感覚が大事なのです。

⑥ 内容の矛盾を避けよ！

エントリーシートへの記入に際しては、内容が全体として矛盾を生じないようにすることも欠かせない要素となります。

■内容に矛盾があると、真剣さを疑われる

同じエントリーシートの中で、内容に矛盾が生じるのは、いわばケアレス・ミスに近いものです。結構見落とされやすいポイントですが、明らかな矛盾があると、エントリーシートの作成にどれだけ真剣に取り組んだのか、その姿勢が問われかねません。

例えば、「学生生活」の項目で、自分自身について「サークル活動を通じて養った粘り強さは、だれにも負けない自信がある」と記入したとしましょう。「学生生活」を、自己ＰＲにつながるように書いてある点では合格ですが、同じエントリーシートの「あなたの欠点を教えてください」という質問に対し、「飽きっぽい性格なので、残りの学生生活の中で、少しでも忍耐強い性格になるよう、努力を続けたい」と回答していたら、これは明らかに内容が矛盾していることになります。「学生時代は野球部の活動に最も力を注いだ」人が、同じエントリーシートで「団体での活動よりも一人で物事に取り組むことを好む」と記していたら、どうでしょう。これも内容の矛盾といえます。

■きちんと内容をチェックすれば矛盾は避けられる

内容に矛盾が生じるのは、エントリーシートの内容を事前にじっくりと吟味していないか、吟味していても読み返しや点検が不足しているケースが大半です。したがって、事前に各項目ごとの内容を十分に練り上げ、それぞれの内容をよくチェックすれば、この問題はほとんどが解決できるといえるでしょう。

エントリーシートの内容をじっくりと時間をかけて考えることは、全体の内容を向上させるためにも絶対に欠かせない作業です。読み返しを行ったエントリーシートと、そうでないものとでは、格段の差が生じるものです。それを頭に入れ、**読み返し作業は必ず実施する**ように習慣をつけておきましょう。友人同士でお互いのエントリーシートを読んで、批評することも役に立ちます。

7 丁寧な文字で簡潔な文章を！

エントリーシートは読んでもらうためのものですから、「よい文章」を書くことが必須です。では、エントリーシートにおけるよい文章とは何でしょうか。これはなかなか難しい問題ですが、いくつかのポイントをあげてみます。

■文字が丁寧であること

丁寧な文字が書けていれば、必ずしも「美しい文字」にこだわる必要はありません。1文字ずつ丁寧に書いたことが、相手にきちんと伝わることが大切なのです。いくら文章が上手でも、文字が乱暴では、文章のうまさは帳消しです。短期間に何千というエントリーシートに目を通さなければならない企業の担当者は、「乱暴な文字」を見た瞬間、読む気力を失うでしょう。

■読みやすい、切れのある文章は基本中の基本

さて、丁寧な文字が書けたら、次は文章です。**「簡潔な文章」「センテンスの短い文章」** がよい文章です。前置き、もって回った言い回し、婉曲話法、間接的な表現などは、エントリーシートでは好ましくありません。言いたいことは「直接的に、簡潔な語句で、明確に書く」、これが基本です。

さらに、センテンスはなるべく短くし、だらだらと長い文を書くことは絶対に避けましょう。長々とした文を書くと、たとえ文章の内容が力強かったとしても、主張のはっきりしない印象を与えます。1行当たりの文字数にも左右されますが、3行を超える長い文は、原則として避けます。

■接続詞を多用しない

接続詞の多用にも、十分注意してください。「また」「そして」「それから」「さらに」「しかし」といった言葉が多いと、だらだらとした印象になってしまいます。とりわけ、「しかし」「だが」「ところが」といった逆接の言葉は、読みにくい文章になるため、なるべく使わないほうが無難です。どうしても使いたい場合は、**1項目につき1回**にとどめましょう。

文章を整えることは、社会人の心構えとしてスーツを着ることと同じ

⑧ 文字の間違いは命取り！

　エントリーシートでいちばん多い失敗は、内容そのものより、「漢字の間違い」「送り仮名の間違い」といった、実に初歩的なことです。昔から「文は人なり」で、文章にはその人の性格や人柄が見事に反映されるといわれてきました。

　もちろん、エントリーシートも同じです。各項目ごとの内容はもちろんですが、文字の丁寧さ、文字の大きさが適切かどうか、ペンの太さは適当かどうかといった点にまで、十分注意を払ってください。企業にとっては、エントリーシートを読むことは、義務ではありません。採用活動において、将来性豊かな優れた人材を確保することは必須の課題ですが、それは「あなたのエントリーシートをきちんと読むことと同義ではない」のです。

　その中で、「文字の間違い」は最大の失敗の部類に入るでしょう。インターネットを通じた応募では、肉筆の文字が見られることはありません。しかし、いくらパソコンを使っても、漢字や用語に関する基本的な知識を欠いていれば、変換ミスや意味のとり違えなどの失敗は防げないのです。

■文字の間違いはゼロにする

　文字の間違いが、なぜ命取りになるのでしょうか。それは、実際の仕事では営業報告書や企画書、広報関連資料などの書類作成を求められ、それらを正しくこなすことが必須の要件になるからです。この「正しく」というのは、極めて重要なことです。最近、大学生の基礎学力が大きく低下してきたといわれています。マスコミの報道によれば、有名大学の学生に高校1年生程度の漢字テストをやらせたところ、完璧にできた学生はほとんどいなかったそうです。

　高校1年生レベルの漢字テストも満足に解答できないようでは、企業の担当者は驚くほかないでしょう。「エントリーシートには立派なことをいろいろ書いているが、こんな漢字も正しく書けないのか」と嘆くに違いありません。

　エントリーシートを書くときは、必ず国語辞典を用意してください。「完璧」を「完璧」にしたり、「乗り越えた」を「乗り超えた」にするなど、落とし穴にはまりそうな語句はたくさんあります。**書きながら言葉の用法に迷ったときや、正しい漢字を思い出せなかったときは、迷わず辞書で調べましょう。**これを面倒と思わずに続けていれば、国語力は必ず高まっていきます。

❾ エントリーシートは面接と表裏一体だ！

エントリーシートを眺めていると、「これは面接で聞かれそうな質問ばかりだ」ということに当然気づくはずです。そのとおりで、エントリーシートは、面接での質問をいわば先取りしたものであり、面接と表裏一体の関係にあります。このことを、しっかりと認識することが大切です。エントリーシートと面接が表裏一体ということは、首尾よく面接まで進んだ場合、エントリーシートに記入した内容に基づいて、面接試験の問答が展開される可能性が極めて高いということを意味します。ですから、付け焼き刃や思いつきをエントリーシートに記入すると、書類としての体裁は整えられても、面接では立ち往生してしまうことが多いのです。文章を書くことが苦手だからといって、エントリーシートをだれかに代筆してもらうと、面接ではすぐに見抜かれてしまいます。

■模範文例の丸写しではダメ

また、くれぐれも本書の模範文例や生成AIの文章をそのまま書き写したりしてはいけません。この本は、あくまであなたのナビゲーター役を務めるものです。このようなポイントに注意して、このような感じで書けばよいのだという参考書にすぎません。主役はあなたであり、あなたという人間を、最もよく知っているのも、分析できるのも、表現しうるのもあなた自身なのですから。

■面接で聞いてほしいことを書く

自己ＰＲや志望動機は、「面接で違った角度から聞かれても明確に受け答えができるかどうか」を十分に考慮したうえで記入する必要があります。面接官は当然、あなたのことは何も知りません。あなたに関する具体的な材料は手元のエントリーシートだけなので、当然面接での質問は、あなたが実際に記入した内容に沿って進むことになるわけです。しかし、逆に考えれば、これは大きなチャンスです。**エントリーシートの書き方次第では、面接官をあなたの得意分野に引き込むことができる**のです。面接が終わった学生からは「聞いてほしいことをまったく聞いてくれなかった」とよく聞きます。「面接でもっと詳しく聞いてほしいことをエントリーシートに書いておく」という基本が、もしかしたら抜けていたのかもしれません。エントリーシートを読んだ面接官をうならせ、もっと話を聞いてみたいと思わせる内容を目標にしてください。

⑩ 人生観と職業観を語れ！

すべての項目を「自己ＰＲ」や「志望動機」につなげることの重要性は、すでに記しました。しかし、問題はそれだけではありません。エントリーシートの各項目に「自己ＰＲ」があふれ、具体的な体験や事実に基づいた「志望動機」がきちんと書かれていても、深みのある内容でなければ、企業の担当者をうなずかせ、納得させることはできないでしょう。

■ 自分を見極め、深みのある内容にする

「深みのある内容」、その最大の要素は、「**エントリーシート全体を通して人生観や職業観が浮かび上がる内容になっているかどうか**」にあります。

就職活動は、学生時代に終わりを告げ「名実ともに大人」になるための通過儀礼といった意味合いも含んでいます。これまでの学生時代に区切りを付けるわけですから、中学や高校も含めた長い学生時代を総括し、自分はどういった人間であるかを見極めることが求められるでしょう。しかも「総括」である以上は、それまでの二十数年間を踏まえ、「自分はどんな人間であり、これからの人生をどう歩もうとしているのか」を真剣に考えることが不可欠になります。

こういった真摯な作業ができる人は、その段階で「名実ともに大人」への第一歩を踏み出しているといえます。逆に、これらのことが満足にできない人は、社会人になるための準備がまだ整っていないのかもしれません。

■ 自分を見つめ直した結果を誠実に記す

過去を振り返り、これから先の長い人生をどう生きていくか。とくに仕事と人生の関係をどのように考えるか。こういった「人生観」「職業観」がエントリーシート全体に行き渡るよう、記入前にじっくりと考えを巡らせてください。いわば、自分自身と向き合う作業をすることが大切です。

カッコいい内容を書こうとか、評価されそうな内容にしようという考えが頭をかすめると、逆に薄っぺらな表現になりがちです。自分自身を見つめ直して得た結論を誠実に記述する、というオーソドックスな手法が、結局はいちばんよい文章を導き出すはずです。そして、人生観や職業観が盛り込まれたエントリーシートは、間違いなく深みのある内容になるでしょう。例えば、エントリーシートの志望動機の項目で、以下のように書いたとしましょう。

「お客さまの声に一生懸命耳を傾ける中で、お客さまのために何ができるかを考え、自分も人間的に成長したいと考えています」

簡単な例文ですが、この学生が人生と仕事の関係をどう考えているかは、如実に浮かんできます。次の例文はどうでしょうか。

「お客さまの声に一生懸命耳を傾け、だれにも負けない体力で営業成績をあげたいと考えております」

この志望動機も学生らしく、若々しさに満ちていますが、「深み」という点では前者に及びません。「若々しさ」や「元気のよさ」は、人生観や職業観を交えた「深み」と矛盾するものではありませんから、双方を兼ね備えた内容にすると、好感度も数段増すはずです。

■自分を振り返り、時間をかけてじっくり考える

人生観、職業観というと、何かとても難しいことを書く必要があるのかと思われてしまいそうですが、そんなに難しいものではありません。

「人生観」の場合は、何を目標にこれまで学生生活を送ってきたのか、友人たちとのつきあいでは何を得たのか、学生生活はあなたをどう変えたのか、新たな人生目標を持っているか、社会のために何ができると思うか、といった点から、自分を振り返ってみればよいと思います。

「職業観」では、どんな社会人になりたいのか、仕事を通じて何を得たいのか、企業と社会の関係はどうあるべきだと思うか、会社はだれのために存在していると思うか、意に沿わない部署に配属されたらどうするか、といったポイントから、考え方を整理してみるとよいでしょう。

日ごろは意識的に考えたりしなくても、時間をかけてじっくり考えれば、自分なりの答えは次第に固まってくるはずです。後は、その内容をいかに上手にエントリーシートに盛り込むか、です。人生観や職業観を大上段から書き込めば、上滑りしているだけと思われますが、さりげなく、さらっと盛り込むことができれば、エントリーシートのレベルとしては相当の高水準にあるといってもよいでしょう。

添削 I　電気機器メーカー

①住所の枝番は正確に書きましょう。「3-3-33」ではなく、「3丁目3番33号」とします。正確な住所は、住民票を見て再確認してください。

②郵便番号は7ケタのはずです。忘れた場合は、きちんと調べて書きましょう。こういったことを面倒に思ってはいけません。

③ビリヤードの腕前は、どの程度なのでしょうか。「スリークッションはプロ並みの腕前です」「○○大会で優勝しました」などのように簡潔な説明を付け加えるようにしないと、なぜ趣味でなくて特技なのかも明確に伝わりません。

④「音楽鑑賞」「映画鑑賞」は、いかにも平凡です。これでは採用担当者の目を引くことはできません。音楽鑑賞の説明は「主に洋楽」ではなく、どの分野にどうのめり込んだかを具体的に書いてください。映画鑑賞も同様です。

フリガナ	ヨシダ　ヒロシ	写真
氏　名	吉田　宏	
生年月日	20○○年3月1日（満○歳）	
フリガナ	トウキョウトスギナミク○○○○	
現 住 所	〒166-××××　東京都杉並区△-△-△ ① TEL　03（××××）△△△△ FAX　（　　　）	
フリガナ	シズオカケンヌマヅシオオオカ	
帰 省 先	〒410-　②静岡県沼津市大岡○-△ TEL　055（×××）△△△△	
携帯電話	070-××××-△△△△	
E-mail	○○○@nifty.com	

学 歴・職 歴　※学歴は高等学校卒業より記入して下さい。

	学　　歴
20○○年3月	静岡県私立栄陽学園高等学校特別進学科卒業
20○○年4月	H大学文学部英文学科入学
20○○年3月	H大学文学部英文学科卒業見込み

	職　　歴
	な　し
	以上

特　技・資　格・趣　味

特技：ビリヤード ③
資格：TOEIC L&R公開テスト スコア740点（20○○年1月取得）、実用英語技能検定準1級（20○○年11月取得）
趣味：音楽鑑賞（主に洋楽）、映画鑑賞（主に洋画）等 ④

講評

　英語を武器に海外で活躍したい、という熱意は伝わってきます。どの項目も自己PRにつながる書き方ができており、その点は評価できます。ただし「海外」にこだわるあまり、「なぜこの企業か」という動機が希薄になってしまいました。海外展開は、この企業だけの専売特許ではないはずです。「海外で活躍したい」ではなく、「海外で何をしたいか」という姿勢をもっと鮮明にしましょう。

あなたの希望する職種に○をつけて下さい

研究開発・商品設計・生産技術・品質保証・(営業)・海外営業サポート
経営企画・事業サポート・広報・宣伝・購買・法務

あなたのゼミナール及び研究テーマが決まっていれば記入して下さい

石川 ○(教授)ゼミナール／英語言語学研究 ⑤

大学院生の方は現在研究しているテーマを記入して下さい

⑤「英語言語学」の中で、とくに何を研究しているのか、もう少し説明が必要。

当 社 に 応 募 し た 理 由

　自分の持つ能力を最大限に生かせる場所として、貴社が最適だから。その能力とは、英語力と交渉能力だ。貴社が展開に力を入れている○○○において、国内で働く場合でも英語力は必須であると思われる。サークル活動では英語研究会に所属し、学生や外国人とのグループディスカッションを行うことで高い英会話能力を身に付け、TOEIC L&R公開テストで 740 点を取得することができた。
　また交渉能力においても、他大学や社会人の方と、活動の一環として交渉する機会が多かったので、その経験は営業活動で生かせると思う。品質の高い製品を提供し続ける○○○において、私自身の質を高めていきたい。

⑥この記述は「交渉する機会が多かった」という事実のみにとどまっており、「交渉能力がどのように高いか」の説明になっていません。交渉の中で、どんな困難を乗り越えたのかを書かないと、説得力ある説明とはいえません。

あなたにとってこれは誰にも負けないというところは何ですか ⑦

　判断力と行動力だ。物事を素早く判断・実行し、成功に導くことが得意である。それを証明する具体例が1つある。2週間ほど前、サークルの合宿で山梨県の奥地に宿泊していた際、合宿参加者の1人が腹痛を訴えた。本人やまわりは「大丈夫」と言っていたが、私はもしもの場合を想定し、病院へ連れていった。診断してもらうと、虫垂炎であることが判明した。後ほど痛みは激痛になり、手術が必要となった。医者が言うには、「早期発見できなければ、かなり悪化していた」のだそうだ。私の判断力と速い行動力が実を結んだ1件だった。これは、例のほんの1つにすぎないが、仕事においてもこの能力が通用するということを○○○で証明したい。

⑦ここに書かれているのは「いかに機転がきいたか」です。確かに判断力と行動力を伴う話ですが、行動力・判断力をアピールするのに「最も」ふさわしい事例なのか、ほかに具体例がないか、もう一度じっくり考えてください。

10年後のあなたをイメージして下さい ⑨

　海外へ出向し、営業地域拡大のために現地の新規取引先との交渉を進める姿が想像できる。10年後は革命的な記録媒体を○○社が開発している時代のように思える。日本だけでなく、○○社が海外のターゲットにも力を入れた結果、私の活躍できる場は日本ではなく、やはり海外であると思う。製品知識を身に付け、交渉のノウハウを経験によって身に付けた10年後の私は、働くフィールドを限定されない人材へと成長できるからだ。このイメージを、イメージだけで終わらせないよう、頑張って実現させたい。

⑧「出向」とは、元の企業に在籍したまま他の企業に勤務することです。ここは「海外で勤務し」とするべきです。

⑨全体的に「地域」のことしか書かれていません。海外で活躍する姿を想像することは悪くありませんが、「海外」「地域拡大」のみを目標とせず、志望先企業が「人々と社会にどのように役立っているか」をイメージし、それに沿って、自分自身もどのように社会に役立つべきかを、記述してみましょう。

添削Ⅱ　オーディオメーカー

①「民法全般」は、あいまいすぎます。所属ゼミが「民法全般」を扱っていたとしても、ここでは自分自身が民法のどのような分野に関心を持ち、勉強をしていたのかを書いてください。また、そこで何を学んだのかも、ひとこと付け加えましょう。

②クラブ名にとどまらず、その活動を通じて何を学んだのか、どんな人生観が養われたのかを書きましょう。「副部長」を強調しても、その立場が第三者にわからない以上、あまり意味がありません。

③「食べ歩き」は趣味と言えるでしょうか。「30か国以上」という表現もあいまいです。30か国以上に実際に出かけた、と思われてしまいます。

④海外旅行で何を体験しましたか。学生の海外旅行は、今や珍しくも何ともありませんから、とくに「海外旅行」だけを強調してもポイントにはならないでしょう。また、ここ数年は海外旅行もしにくい状況でした。その中で５か国、いつ行ったかも書いておいた方がいいかもしれません。

フリガナ	ヤマザキ　ジュン	生年月日	
氏　名	山崎　淳	20○○年４月29日（満○歳）	写真
住　所	〒165-××××　東京都中野区○○○○△丁目△番△号		

電話番号	自宅　０３-××××-△△△△　携帯　０７０-××××-△△△△	E-mail アドレス	○○○@nifty.com
帰省先	〒321-××××　栃木県○○○○○　電話番号　０２８-×××-△△△△		

学　歴	入　学	卒　業
私立N大学付属高等学校	20○○年４月	20○○年３月
N大学法学部法律学科	20○○年４月	20○○年３月
ベイラー大学奨学金派遣留学	20○○年８月	20○○年５月

所属ゼミ（ゼミ名・指導教官名・テーマなど）
民法ゼミ・討論会中心に民法全般　①

クラブ・サークル活動または趣味など
クラブ：E.S.S.（副部長）②
趣味：エスニック料理食べ歩き（３０か国以上）、海外旅行（５か国）、野球（小学１年生から）　④

技　能・資　格

資格（資格名や取得時期）、ＰＣ経験等	語学力
普通自動車第一種免許（20○○年５月取得）ワード、エクセル：留学中毎月の報告書、会計報告等で頻繁に使用していました。　⑤	TOEIC L&R公開テスト スコア 780点（20○○年取得）TOEFL iBT スコア 87点（20○○年取得）実用英語技能検定準１級 その他の語学など 中国語（初級レベル）

⑤「～頻繁に使用していました」とありますが、ここで問われているのは「能力の程度」であって、頻繁に使用していたかどうかではありません。使用頻度は「能力の程度」を証明する根拠にはなり得ますが、もっと明確な表現を。

講評

　そこそこまとまってはいますが、残念ながら、全体として強い個性が感じられません。「目標に向かって頑張る」という姿勢は確かにプラス要素です。しかし、その一方、人間としての幅の広さ、何でも吸収するぞという柔軟性、周囲をほっとさせる明るさが不足しています。最後の自由記載欄でそれらを補う工夫を試みてください。

⑦「〜受け入れプログラム」とは、どういうものでしょうか。簡潔な説明を付け加えましょう。

⑥語学研修の場所はどこですか。

課題：下記からどちらかを選択してご記入下さい。（番号に○をしてください）
　①．あなたのオンリーワン（他の人に負けないもの）は何ですか？
　　　それを当社の中でどう生かしていこうと思いますか？
　　　（具体的な事例でご記入下さい）
　2．当社にかける夢（かけるは欠・賭・書・描・懸・架のどの字をあてても構いません）

　　私のオンリーワンは、目標を達成する力です。高校のときからずっと夢でもあった留学を実現するために、クラブ活動としてはE.S.S.に参加したり、1年次には1か月間の語学研修⑦や留学生受け入れプログラムを受講するなど、語学力の向上に努めました。そしてその結果、派遣留学生としてアメリカのベイラー大学にオンライン留学できました。しかし、そこで挫折感を味わいました。授業についていけず、ほかの学生とのコミュニケーションもうまくとれなかったからです。それを克服するためにも、アメリカ人の学生と対等以上にやっていくという目標を立て、自分から話しかけてノートを見せてもらったり、理解の徹底をはかるために教授のところに何度も足を運びました。それらを繰り返すうちに授業にも慣れ、心を開ける友人もできました。その結果、全学期成績優秀者という評価をもらい、自分にとって大きな自信となりました。
　　これからますます激しくなっていく競争の中で、目標に向かって頑張って取り組む、という自分自身の強みと語学力も生かし⑩世界中の1人でも多くのお客さまに製品を使ってもらい満足していただけるよう頑張っていきたいです。そして多くの人々から信頼される、そんな「オンリーワン」を実現したいです。

言い足りないこと、伝えたいことがあれば自由に表現して下さい。
　　　　　　　　　　　　　　　　　　　　　　　　　　　　　　　　　　⑪

入社前にはどのような知識・スキルを身に付けていくべきでしょうか。TOEIC L&R公開テスト スコア900点をめざし頑張ります。それを貴社で必ず生かします。

⑧何の授業ですか。ついていけなかった理由は何ですか。これらも簡単に付け加えましょう。

⑩どう生かしていくか、という問いへの回答部分です。しかし、やや内容が抽象的になりました。ここは、「会社で何をやりたいか」と同義の質問ですから、もう少し具体的な記述が必要です。

⑨「全学期成績優秀者」は、どういう学生が対象になるのでしょうか。また、何人程度が対象になりますか。それらのことを加えれば、説得力がいっそう増します。

⑪せっかくの自由記載欄ですから、ここは質問するより自分の幅の広さをもっと強調する内容にしたほうがよいでしょう。

添削Ⅲ　出版社

フリガナ	ナガイ　リュウイチ	
氏　名	永井　隆一	写真
生年月日	平成○年6月23日生（満○歳）	

フリガナ	トウキョウト　トシマク　ヒガシイケブクロ
現住所	〒170-×××× 東京都豊島区東池袋△丁目△番△号 TEL 03-××××-△△△△（内線）自宅
帰省先	〒010-×××× 秋田県○○○○ TEL 018-×××-△△△△自宅

年号	年	月	学歴・職歴
平成	○	3	秋田市立第二中学校　卒業
令和	○	3	秋田県立田沢高等学校普通科　卒業
	○	4	N大学経済学部
	○	3	N大学経済学部

家族状況	続柄	氏　名
	父	永井　隆夫
	母	佳子
	姉	由美

志　望　部　門	第一志望　雑誌編集 第二志望　書籍編集
志望の理由と入社後やってみたい事	新聞やテレビだけではこと足りない時代だ。だから私は、多様な視点で追求できる週刊○○の編集をやりたい。「異才の時代」という特集で、企業を発展に導く経営者から若手まで、その独創的視点や発想、パワーの源を取り上げてみたい。　①
学業以外に力を入れてやった事　②	自分を知ること。いろいろな場面の自分と向き合い、その都度感じたことや新たな発見を、ノートに書き記した。今の等身大の私がいるこの16冊のノート。それは、今後の私を支えてくれるものだと信じている。
最近のテレビ・新聞・雑誌等で印象に残った事　③	少年犯罪の凶悪化と低年齢化。少年法の改正によって、世の中は少年であっても厳しく罰するという方向に進んでいる。それと関連して、今後少年犯罪の報道のあり方についての論議が、いっそう高まっていくと予想される。
現在、一番関心を持っている事　④	原発問題。東日本大震災をきっかけに、原発廃止論が高まっている。たしかに原子力発電所はリスクが大きいが、火力発電所への依存は地球温暖化を加速させる。代替エネルギー開発への関心は、今後いっそう高まっていくと予想される。
自覚している性格　⑤	貪欲な起き上がり小法師である。自分を不安定にする出来事にぶつかった時、一度は悩みどん底まで落ちるが、すぐに貪欲なまでに成長材料を探し、それを身に付けて立ち上がる。
最近読んだ本とその感想　⑥	『ラブ・ストーリーを読む老人』（ルイス・セプルベダ） 人間の野蛮さが赤裸々に描かれ、愛を知るために小説を求める老人の姿に、現代の人間社会の失った大切なものを見て、考えさせられた。
得意な科目と研究課題　⑦	社会問題。「認知症と超高齢社会」というテーマで、治療・予防の最前線や、家族の負担と介護保険の実態を調べた。卒業論文は、70年代をテーマにさまざまな側面から、当時への憧れを抱いてしまう自分の根本を探りたいと思っている。
愛読書・愛読雑誌　⑧	『地下室の手記』（ドストエフスキー）／『週刊新潮』／『月刊創』
特技・資格　⑨	持久力（フルマラソンでサブスリー達成）・バイクの運転・普通自動二輪車免許・普通自動車第一種免許
趣味・スポーツ	バスケットボール（小学校から始め、中・高はキャプテンで全県ベスト4）・釣り（町内釣り大会第3位）・ファッション

講評

　真面目で一途な一方、小さくまとまってしまった印象が残ります。真面目さや一途さは悪い要素ではありませんが、出版社、それも週刊誌の編集を希望するのであれば、危なっかしさを併せ持つくらいの「元気のよさ」を前面に押し出しましょう。内容からすれば、スポーツも相当得意なはず。それらを軸に、元気あふれる姿を描写してみてください。また、舌足らずな表現が、やや目立ちます。舌足らずな文章は、独りよがりと紙一重です。注意してください。

①なぜ「異才の時代」をやりたいのか、その説明がありません。週刊誌は新聞やテレビと違った視点で物事を見つめるのが特徴のはず。であればこそ、なぜ週刊誌でこの企画なのかを説明しておきましょう。

②自分を知るためにノートに書き記した、ということですが、これだけでは日記をつけていたという内容と大差ありません。「力を入れてやった事」という以上は、目標を立てて実行した事柄などを取り上げるほうがインパクトがあるはずです。

③具体的に事件の例をあげましょう。

④一般に言われていることではなく、あなた自身の考え、意見を書くことが必要でしょう。

⑤「〜小法師」という表現は斬新ですが、具体例をあげて説明してください。

⑥古典や名著は別ですが、通常、出版社名は必須事項です。

⑦まだ手を付けていないにしても、卒業論文の内容があいまいです。前段で「〜を調べた」という話が出てきますが、ここは2つの内容を盛らずに1つに絞ったほうがよいでしょう。

⑧「フルマラソンでサブスリー」。サブスリーとはどういうことなのか、もっとわかりやすく書いてください。

⑨「バイクの運転」が、どう特技なのでしょうか。それが第三者にも理解できるように簡潔な説明を加えてください。

添削Ⅳ 　貿易関連会社

氏　名	相原　真実子
生年月日	平成○年 6 月 26 日
住　所	〒157-0065　東京都世田谷区上祖師谷△丁目△番△号
大　学	U大学　文学部フランス語学科
ゼ　ミ	フランス文学史

あなた自身を分析してください。

　私は何事に対しても積極的です。前向きに物事に取り組むことができます。その姿勢で難関といわれる大学受験や留学を乗り切ってきました。サークル活動にも積極的に参加し、ずっと続けています。こうした体験は、私に大きな自信を与えました。就職活動をしていくうえでも前向きさを忘れていませんし、社会に出てからも自信を持って仕事をしていきたいと考えています。

大学時代に最も印象に残っている出来事は何ですか。

　何といっても留学体験です。2年生になったときに1年間、「休学留学」してまで、フランスに留学しました。親に全額費用を出してもらうのは気がひけたので、私自身もアルバイトをして費用の一部にしました。海外で生活することで語学力が向上したのはもちろん、視野が大きく広がりました。留学中にできた友人も私の大きな財産になっています。

当社を志望する理由は何ですか。

　私は子どものころから国際的な仕事をしたいと考えてきました。大学でもフランス語を学び、フランス留学も経験しました。フランス語の成績はトップクラスです。この語学力が貿易の仕事をしていくうえで大きな武器になると思います。実際に海外で生活した体験も生かせるのではないかと考え、志望しました。

当社に対するあなたの評価を聞かせてください。

　貿易という仕事を通じて、日本社会に貢献されていると感じています。国際化が叫ばれる現在、なくてはならない仕事だと思います。

①「積極的」「自信」などの言葉が上滑りしています。言葉だけで強調しても自己ＰＲにならないばかりか、自慢めいてしまって、かえってマイナスの印象を与えてしまうので注意が必要です。これらの長所を裏付けるエピソードを交えましょう。また、長所は短所の裏返しでもあります。短所になっていることも分析しながら、それをどう克服しようとしているかを示すと好印象を与えます。

②大学受験などはだれでも経験しているといえるでしょう。ここも、どう乗り切ったのか具体的に書かないと、他人との差別化は図れません。

③留学体験は、それほど特別なことではありません。１年間も外国で生活すれば語学力がつくし、見方も変わってくるのは当然。肝心なのは、留学中にどれだけ新鮮な体験をしたかであり、そこで成長したことを示すことです。

④留学したから貿易会社志望だ、というのは短絡的すぎます。もちろん、その経験や語学力が生かせないはずはありませんが、なぜこの会社を選んだのか、この会社でどういった仕事をしていくのか、を踏まえて考える必要があります。留学体験をどう生かすのかも、より具体的に記述しようと工夫することで見えてくるはずです。

⑤一般論に終始し、漠然としています。もっと企業研究をしたいところです。

講評

　自信を持つのは悪いことではないし、それをうまくアピールすれば企業に必要な人材であると思わせることができます。ただ、なぜその自信を持ったのかを具体的に書かないと、「根拠なき自信」になってしまうので注意しましょう。
　また、この企業について研究した跡がまったく見られません。なぜ入社したいのか、志望動機に説得力がないエントリーシートになっています。自分の専門や個性をどう生かすのかは、その企業の特徴をしっかりつかんでいないと明確にできないはずです。

氏　名	後藤　健一郎
生年月日	20○○年8月4日
住　所	〒132-0035　東京都江戸川区平井△丁目△番△号
大　学	H大学　経済学部　経営学科

大学では何を学びましたか。

　経営学です。ゼミでは、アメリカなど他国の企業と日本企業を比較し、現代の企業の経営全般について学ぶことができました。卒業論文のテーマとしては「経営情報管理」を選び、現在研究を進めています。
①
②

課外活動は何に取り組みましたか。

　写真部に所属しました。さまざまな撮影のテクニックや構図の取り方、デジタルデータの加工の仕方などをマスターしました。
③

あなたの短所は何ですか。
④

　やや落ち着きがないところです。頭の回転が速いせいかもしれません。1つのことに取り組んでいる最中に、別のことのアイデアが浮かんできて、次の行動に移っていることがしばしばあります。

なぜ当社を志望したのですか。

　情報産業に大きな将来性を感じて志望しました。
⑤
　パソコンがさまざまな新しい機能を獲得していくなかで、私はより高度な技術を身に付けて、時代を先取りするような仕事をしていきたいと考えています。
⑥

入社後、どんな仕事をしていきたいですか。
⑦

　まず、ITについての基本的知識を学びたいです。そこからプロとして必要な能力や技術を身に付け、情報産業に貢献していきたいと思います。

①学んだテーマを述べただけにとどまっています。そこから何が見えてきたのかを書き、それが志望企業での仕事に生かせることをアピールしましょう。

②情報産業で働きたいと考えるなら、「経営情報管理」を研究しているというのは強みになります。具体的な内容をあげながら、企業にとってなくてはならない存在であることをアピールする書き方ができるはずです。

③学んだことを具体的にあげたのは評価されます。情報産業にも生かせそうな分野なので、欲をいえば仕事を意識した書き方をしたいところです。

④企業側は「短所」を知りたがっているわけではありません。自分をどう客観的に分析できているかという点と、短所と表裏一体の長所はどこか、また短所をどう克服しようとしているのかを聞いて、前向きな姿勢を持った人物なのかを見極めたいのです。

ここでは「思いついたことはすぐに行動に移す」といった行動力を積極的にアピールできます。「行動しながら、じっくり考える冷静さを持つように心がけている」といったような前向きさをアピールすることも必要です。

⑤将来性のある業界を選んだという表現は抽象的。具体的に自分のアイデアを提案するくらいの積極性・独創性がほしいところです。

⑥漠然としすぎています。まずこの企業を研究しましょう。だからこそ、ここで働きたいという決意を明確にする必要があります。

⑦情報産業では必ず求められることのはず。一般論ではなく、自分ならではの仕事をイメージしてください。「経営情報管理」を学んでいるのですから、知識や技術を使ってどう企業を支援するのかなどを具体的に提示できるはずです。

講評

　具体性のないエントリーシートの典型例になってしまいました。個性や特長がなかなか見えてこないため、なぜこの企業を志望したのか、入社してどんな仕事ができるのかが漠然としています。まず、自己分析が必要。自分が取り組んできたこと、そこで学んだこと、あるいは自分がどんな人間なのかなどについていじっくり振り返り、具体的な言葉で表現できるようにしてください。

エントリーシート
企業の求める人材を知れば効果的にアピールできる

① エントリーシートから見えてくるもの

　大学を卒業したばかりの学生が、企業にとってビジネスの上でどれだけ貢献することができるでしょうか。単なるアルバイト程度の社会経験は、ほとんど通用しません。フリーターと正社員では、責任の重さがまったく違います。たとえいくつものアルバイトを経験したとしても、決して身につかないのが、企業の一貫した社員教育による社会人としてのあり方です。

　さまざまな専門的資格を取得して即戦力になることをアピールする人もいますが、企業が実際に重視している資質や能力は、「積極性」や「対人能力」だというデータもあります。専門的なスキルは入社後に十分身につけられると考えているからであり、上司や同僚とよい関係を築きながら仕事を覚え、一日も早く戦力になろうとする意欲的な人材が求められるといえるでしょう。

　エントリーシートに、「入社して何をしたいのか」「大学生活で力を入れたことは何か」という質問があるのも、応募者の人間性を見るためなのです。

② 1に企業研究、2にも企業研究

　自分が企業の望む人材であることをアピールするには、その企業が「どういう人材がほしいのか」を把握しなければなりません。企業が欲する要素を十二分に持っている人材だ、と強調することです。それには綿密な企業研究が必要です。会社案内やホームページを見るだけでなく、新聞の経済欄や経済誌、ＯＢ・ＯＧ訪問など多角的な視点から、志望する企業がその業界でどんなポジションにあるのかを探り出します。企業訪問も可能なら何度でも行き、同業他社の研究も忘れてはなりません。こうした努力によって、その企業の望む人物像が少しずつ明らかになっていきます。そして、自己分析と合わせて、「ここぞ！」というポイントに焦点を合わせ、より具体的にアピールするのです。

　次のページに、企業の人事担当者の皆さんへのインタビューを掲載しましたので、求める人材を考えるための参考にしてください。

＊掲載したインタビューの社名等は取材時のものです。

人事担当者に聞く
エントリーシート記入のポイント

[株式会社パソナグループ　HR本部　HCM部　部長　中澤拓己さん]

■自分のことを具体的にわかりやすく伝えるのがポイント

　当社では面接時にエントリーシートを提出していただくので、エントリーシートで合否が決まるということはありません。一方、たとえ緊張して面接で自分らしさを出せなかったとしても、エントリーシートに書かれている当社への志望理由やこれまで頑張ってきたことによって、熱意や人柄が伝わってくることがあります。できるだけ具体的なエピソードを交えて、わかりやすく書くことをお勧めします。

■エントリーシートはなるべく空欄を作らない

　エントリーシートを書くときのポイントは、なるべく空欄を作らないことです。例えば卒業論文など、早い時期にはまだテーマも決まっていない場合もあると思います。しかし、「○○について書く予定」「ゼミで○○について研究中」など計画中の段階でも大丈夫なので、何か書いてあったほうが採用担当者にとって参考になります。資格に関する設問の場合も、「○○資格を取得するため勉強中」などの書き方で、アピールするのも良いと思います。また、面接時にもエントリーシートに記入している内容が多いほど、採用担当者から興味を持って質問してもらえるチャンスが増えます。

■企業理念への共感やチャレンジ精神を重視

　当社は、創業以来「社会の問題点を解決する」という企業理念を掲げ、「人を活かす」ための様々な事業を展開しています。地方創生のために、本社機能の一部を東京から淡路島に移転するなど、社会にインパクトを与える大きなチャレンジをしていることも当社の特徴です。当社では、応募者の夢や志が企業理念や事業の目指す方向性と一致しているかを大切にしています。エントリーシートでも応募者の目指す方向を知るための質問を設定しています。社会のために変革を起こしたいというチャレンジ精神を持っている方は大歓迎です。

最終面接官は役員や社長で、採用担当部長は40〜50歳代が多い。その前のエントリーシートは人事の担当者（30〜40歳の若手社員）が選考する。エントリーシートの通過率は各社違い、その年度によっても違う。中小企業などでは落とさないところが多いが、商社やゼネコン、生損保、食品メーカーなどの人気企業は9割以上落とすところもある。したがって、まず心得ておいてほしいのは、エントリーシートで落ちても「後に響くほど気にしない」こと。それでは、内定を獲得した塾生たちに伝え、彼らが実践してきた、エントリーシートのアピールポイントを紹介しよう。

■アピールポイント①ガクチカ（学生時代,何に力を入れたか？）

「ガクチカ」はこの本にもアドバイスが載っているので、それを参考にしてほしい。具体的にまず挙げられるのは、ゼミでの活動や卒論（学部によっては課さない大学もある）だ。とくに理系は研究と就職先が直結している。もし志望先が研究してきた以外の分野となると、その研究を上手に生かした提案をする必要がある。例えば、大学で顔認証システムを研究してきたらその技術や発想をどう生かすのか、その提案をすること。サークルには学内と学外（インカレ）サークルがあるが、アピールできる方を書けばよい。オンライン留学は企業からの評価が低いので、短期でもリアルに留学しよう。

■アピールポイント②人間らしさ、人間性

最も大切な個人の「人間らしさ」や「人間性」、具体的には趣味・特技など、面接官が興味を持つところをアピールする。例えば、映画が趣味なら面接官の年齢層を見越して幅広く書くとよい。私が模範的な例として挙げる映画に『男はつらいよ』（山田洋次監督）がある。洋画なら『ショーシャンクの空に』『スケアクロウ』『駅馬車』、ヒッチコックの『知りすぎていた男』『裏窓』など。「映画が趣味です」ではなく、名作をタイトルまで書くこと。今はネットでレンタル可能なので、すぐ観てほしい。

■アピールポイント③体力

体育会の運動部所属以外の学生も体力をアピールする必要がある。無難なのは「5kmのランニングを続けています」。特技として「フルマラソン3回参加しました」「500m連続で泳げます」など。面接ではそれらの「実技」は見られないので、多少は大袈裟に言っても良いだろう。

最終面接で役に立つのが、野球の趣味だ。草野球でも良いし、プロ野球の観戦も、選手1人ひとりの応援歌が歌えるなどをアピールすると話が盛り上がりやすい。

最後に、面接官との出会いには運不運がある。「馬が合うか合わないか」と言っても良い。落ちたとしても「次、頑張るぞ」と頭を切り替えよう。

2章

好感度が高まる
履歴書は
これだ！

履 歴 書		令和〇年 〇月 27日現在		

ふりがな	さとう ゆうか	印
氏 名	**佐藤 優花**	(佐藤)

生年月日	平成〇 年 5 月 5 日生 （満 〇 歳）

ふりがな	ちばけん ちばし みはまく さいわいちょう
現住所 〒 261-0001	千葉県千葉市美浜区幸町〇丁目〇番〇号
電話など	（電話）043-265-〇〇〇〇 （Eメール）〇〇〇@ybb.ne.jp

ふりがな	
連絡先 〒	（現住所以外に連絡を希望する場合のみ記入） 方
電話など	

年	月	学歴・職歴（各別にまとめて書く）
		学 歴
平成〇	3	千葉県千葉市立幸町中学校卒業
平成〇	4	千葉県立花見川高等学校入学
令和〇	3	千葉県立花見川高等学校卒業
令和〇	4	東亜学院大学文学部中国文学科入学
令和〇	3	東亜学院大学文学部中国文学科卒業見込
		職 歴
		なし
		以上

記入上の注意　1. 鉛筆以外の黒又は青の筆記具で記入。
　　　　　　　2. 文字はくずさず正確に書く。

年	月	免　許・資　格
令和〇	1	中国語検定試験2級合格

得意な科目・分野

中国語講読
中国近現代の小説・論文を中心に、時代背景を考慮しながら筆者の思想を読み取り、適切な日本語に置き換えることができます。

自覚している性格

長所：負けん気が強く、自分が所属するグループの中でリーダーシップを取ろうとします。

短所：せっかちなところがあるので、先のことを考えて計画的に行動するように心がけています。

スポーツ・クラブ活動・文化活動などの体験から得たもの

中国文化研究会に約2年間所属し、学内中国語弁論大会に参加しました。また、北京大学に短期留学し、語学力を高めただけでなく、中国文化・思想への理解も深めました。

特技など

特技：高校時代3年間部活で続けたバドミントン。

趣味：洋楽鑑賞。最近は心が落ち着くミディアムテンポの曲を好んで聞いています。

志望の動機

これからの日本の住まいに必要なことは、単に快適な空間であるだけでなく、そこに住む人の暮らしの質をいかに向上させるかだと考えています。貴社の経営理念である「新しい居住空間の創造」「地域密着型生活の提案」という考え方に共感し、日本の暮らしの向上に貢献したいと思って御社を志望しました。

本人希望記入欄(特に給料・職種・勤務時間・勤務地・その他についての希望などがあれば記入)

希望職種：営業
しかし、経験を積み、能力を高めることを第一に考えているので、1つの職種にこだわってはいません。

保護者(本人が未成年者の場合のみ記入) ふりがな		電話など
氏　名	住　所〒	

履歴書実例Ⅱ

履 歴 書　　令和○年　○月　1日現在

ふりがな	た　むら　　けん　た
氏 名	田 村　健 太

平成○年　6月　4日生（満　○　歳）

ふりがな	とうきょうと　みなとく　たかなわ	☎	03
現住所 〒108-0074	東京都港区高輪○丁目○番○号		3879
			○○○○

ふりがな		☎
連絡先 〒	（現住所以外に連絡を希望する場合のみ記入）	

年	月	学歴・職歴など（項目別にまとめて書く）
		学 歴
平成○	3	東京都港区立港南中学校卒業
平成○	4	東京都立品川高等学校入学
令和○	3	東京都立品川高等学校卒業
令和○	4	沼南大学理工学部物理学科入学
令和○	3	沼南大学理工学部物理学科卒業見込
		職 歴
		なし
		以上

記入上の注意　①鉛筆以外の黒または青の筆記具で記入。
　　　　　　　②数字はアラビア数字で、文字はくずさず正確に書く。

60

自己紹介書

令和○年　○月　1日現在

ふりがな	た むら けんた	とうきょうとみなとくたかなわ	☎	03
氏 名	田村健太	現住所 〒108-0074 東京都港区高輪○丁目○番○号		3879 ○○○○

年	月	免許・資格・専門教育
令和○	12	普通自動車第一種免許取得
令和○	12	日本商工会議所簿記検定試験2級合格

その他特記すべき事項
日本商工会議所簿記検定試験1級合格を目指して勉強中です。理工系だけでなく、経済の知識も身につけたいと考えています。

得意な学科	スポーツ
量子物性物理学（高温超伝導メカニズムの研究）	サッカー（友人と同好会をつくり代表を務めています）

趣味	健康状態
プログラミング	心身ともに良好

志望の動機
いつも人が喜ぶことをしたいと考えています。システムエンジニアとして、ニーズに合ったシステムを提供し、その便利さをお客さまに喜んでいただければと思い、志望しました。

本人希望記入欄（特に給料・職種・勤務時間・勤務地その他について希望があれば記入）
職種：システムエンジニア
東京勤務にはこだわっていませんので、必要があれば日本全国、どこの支社でも喜んで勤務いたします。

保護者（本人が未成年者の場合のみ記入）ふりがな		☎
氏 名	住所 〒	

採用者側の記入欄（志望者は記入しないこと）

履歴書実例 Ⅲ

履 歴 書　　令和○年　○月　20日現在

ふりがな	ささき　しゅん　すけ	印
氏　名	佐々木　俊介	(佐々木)

生年月日　平成○年　2月　3日生　（満　○　歳）

ふりがな	とうきょうと　しんじゅくく　たかだのばば
現住所	〒169-0075　東京都新宿区高田馬場○丁目○番○号　シティコーポ301号室
電話など	（自宅）03-3362-○○○○　　（携帯）070-6511-○○○○

ふりがな	
連絡先	〒　　　　　　　　　　　　　　　（現住所以外に連絡を希望する場合のみ記入）
	方
電話など	

年	月	学歴・職歴（各別にまとめて書く）
		学　　歴
平成○	3	石川県金沢市立向山小学校卒業
平成○	3	石川県金沢市立第二中学校卒業
平成○	4	私立希望ヶ丘学園高等学校入学
令和○	3	私立希望ヶ丘学園高等学校卒業
令和○	4	城北大学経済学部経済学科入学
令和○	3	城北大学経済学部経済学科卒業見込
		職　　歴
		なし
		以上

記入上の注意　1.鉛筆以外の黒又は青の筆記具で記入。
　　　　　　　2.文字はくずさず正確に書く。

年	月	免 許・資 格
令和○	2	柔道初段取得
令和○	6	普通自動車第一種免許取得
令和○	7	TOEIC L&R公開テスト スコア650点取得

志望の動機

大学で習得した経済の知識が活用できると思い、志望しました。個人のお客さまの資産運用を通して、社会に貢献したいと考えています。

スポーツ・クラブ活動・文化活動などの体験から得たもの

小学校から大学までずっと、柔道を続けています。体力がついたことはもちろん、集中力や先を読む能力が身につきました。大学の柔道部では、熱心な練習態度を評価され、副主将に選ばれました。

特技など

大勢の人の前でも、緊張せずに話せます。また、一人暮らしと合宿の食事当番で料理の腕をあげました。

本人希望記入欄(特に給料・職種・勤務時間・勤務地・その他についての希望などがあれば記入)

職種:営業部門

勤務地:東京、金沢、名古屋

採用者側記入欄 (志望者は記入しないこと)

履歴書実例Ⅳ

履歴書　　令和○ 年 ○月 15 日現在

ふりがな	まつ もと　　あや の
氏 名	松本　綾乃

生年月日　平成○ 年　7 月　20 日生（満 ○ 歳）

ふりがな　さいたまけんさいたまし うらわく きたうらわ

現住所（〒330 - 0074 ）
埼玉県さいたま市浦和区北浦和○丁目○番○号 グリーンハイツ205強

TEL 048 - 886 -○○○○ 　携帯電話 070 - 5353 -○○○○

FAX 同上 - 　　 - 　　E-mail アドレス ○○○@ocn.ne.jp

ふりがな		TEL	－	－
連絡先（現住所以外に連絡を希望する場合のみ記入）（〒 - ）		FAX	－	－
	方			

年	月	学歴・職歴（各別にまとめて書く）
		学　歴
平成○	3	私立桜ヶ丘学園中学校卒業
平成○	4	私立桜ヶ丘学園高等学校入学
令和○	3	私立桜ヶ丘学園高等学校卒業
令和○	4	東京英学院大学文学部英米文学科入学
令和○	3	東京英学院大学文学部英米文学科卒業見込
		職　歴
		なし　　　　　　　　　　　　　　　以上

記入上の注意　①鉛筆以外の黒又は青の筆記具で記入。
　　　　　　　②数字はアラビア数字で、文字はくずさず正確に書く。

64

年	月	免 許・資 格
令和○	7	実用英語技能検定1級合格
令和○	5	TOEIC L&R公開テスト スコア800点取得
令和○	3	中学校・高等学校教諭一種免許状(英語)取得見込

志望の動機　来年、シカゴに貴社の支店がオープンするとお聞きしました。国内での売上げを着実に伸ばし、国際的に販路を広げようとする積極的な経営方針に大変魅力を感じています。学生時代に身につけた英語力を生かし、海外に商品を売り込む仕事をやってみたいと思っています。

自己PR　私はどんな年代の人とでもすぐに打ち解け、親しくなれます。大学時代は小学生に野外活動を教えるサークルに所属し、子どもたちと楽しく活動してきました。また、電車の中などでよくお年寄りに話しかけられ、気がつくと世間話をしています。社会人になってもっといろいろな人と出会うことを楽しみにしています。

その他特記すべき事項
健康と体力には自信がありますので、ハードな仕事にも耐えられます。

得意な学科	アメリカ近代文学	特　技	英会話、エレクトーン演奏
スポーツ	ゴルフ、スキー	趣　味	音楽鑑賞、キャンプ

本人希望記入欄(特に給料・職種・勤務時間・勤務地その他について希望があれば記入)

　職種：営業、マーケティング

　勤務地：東京、名古屋

保護者(本人が未成年の場合のみ記入して下さい) ふりがな			TEL(　　　) －
氏　名		住所(〒　　－　　　)	FAX(　　　) －

履歴書の書き方
8つの基本

① 履歴書を書く前に注意すること

　一部の企業で使う履歴書は、大学名入りの用紙がある場合は、それを使いましょう。履歴書は、第一印象がとても大切です。あなたのことをよく知らない人に、あなたのことを書面で自己紹介、自己申告するわけですから、それにふさわしい体裁や礼儀が必要になります。以下の基本的な事柄を、エチケットとして心がけましょう。

■文字は楷書で、丁寧に書く

　履歴書は手紙ではありません。流れるような美しい文字を書ける人でも、楷書で丁寧に書いてください。崩した文字や略字は厳禁です。楷書は、必要事項を正確に伝えるためにも必須です。

■筆記用具は万年筆かゲルインキのボールペンで

　筆記用具でいちばんよいのは、**黒インクの万年筆**です。油性ボールペンは、インクのかたまりが出てきて汚く見える場合がありますし、シャープペンシルなどの鉛筆類や消せるボールペンは論外です。その点、万年筆は文字が丁寧に見えるという視覚的な効果が期待できるため、履歴書全体の好感度がかなり上昇します。ゲルインキのボールペンもおすすめです。

■修正液は使わない

　せっかく丁寧に書いたのに、間違えてしまった。人間である以上、ミスはつきものです。しかし、修正液を使って、加筆・訂正することは避けましょう。

　一生を左右する履歴書ですから、間違いをしないことが大切なのです。もし、**記入ミスをした場合は、別の用紙に最初から書き直しましょう**。そのためにも履歴書の予備を手元に置いておくことが必要です。

間違えたときのために、履歴書は
余分に用意する

■写真はカラーで、裏には氏名を記す

写真はモノクロではなく、カラーを使用します。**裏側には氏名、学校名**をきちんと書いておきましょう。多数の履歴書の中では、写真がはがれ落ちる可能性もあるので、裏面に名前等を書いていないと、まぎれてしまいます。

■数字や表記は統一する

数字は**算用数字**が基本です。また、年表記は**「元号」**を基本にしましょう。そこでポイントになるのは、表記の統一です。同じ履歴書内に西暦と元号を同居させてはいけません。また、算用数字と漢数字の混在もよく見られますが、見苦しくなるだけですから、統一するようにしましょう。

② 氏名・住所・生年月日などの書き方

氏名は、名字と名前の間を少しあけて書きましょう。氏名には必ず「ふりがな」が求められますが、「フリガナ」とある場合はカタカナで、「ふりがな」とある場合はひらがなでふります。「性別欄」がある場合は性別を書きますが、最近では「性別欄」を設けない履歴書も多くなっています。

現住所の表記は、都道府県から正確に記入します。地番は「2－3－5」などとせずに「2丁目3番5号」と正確に書いてください。**住民票に記載されているとおりの住所**を書くのが基本です。

固定電話の番号は、**市外局番から正確に記入**します。学生寮などで呼び出しの場合は、忘れずに「呼び出し」と記載してください。携帯電話の番号や電子メールアドレスは、書き間違えると企業との連絡が取れなくなりますので、正確に記入してください。

生年月日は、「平成〇年」と元号で記しましょう。企業によって西暦表記の指定がある場合は、それに従います。

履歴書にはこのほか、現住所欄などとは別に「連絡先」の記載を求められる場合があります。現住所では連絡が取れず、なおかつ企業側があなたに至急連絡を取りたいときの連絡先です。ここには、両親や親戚など、親族の連絡先を記入してください。特別の事情がない限り、大学の友人などを記入してはいけません。また、親族であっても、同世代の人を連絡先にするのは感心しません。

③ 学歴・職歴の書き方

　「学歴・職歴」と、学歴と職歴の記入欄がひとくくりになっている書式が多く、まれに「経歴」と書かれていることもあります。ただし、書式の表記がどうであれ、学歴と職歴は、それぞれ区別して書くものだと心得てください。

　「学歴・職歴」とひとくくりで示されているときは、1行目にあなたの文字で「学歴」と記入してから書き始めます。

■ 学歴は所在地もわかるように記す

　学歴は、「小学校卒業」「中学校卒業」「高校入学」「高校卒業」「大学入学」「大学卒業見込」の順番で記入します。「小学校卒業」は省略してもかまいません。中学、高校の名称は、企業側も知らないことが多いわけですから、「○○県　△△市立○○高等学校」のように、所在地も理解できるように書きましょう。大学は学部、学科名まで記入するのが原則です。

　中学、高校の部分では学年途中の「転校」は無視してかまいません。その結果、入学時の学校名と卒業時の学校名が変わっても、気にすることはありません。ただし、大学で編入試験をきちんと受けて学校や学部を変わったときは、学歴の中で「○○へ編入」のように正確に書いてください。

　資格を取るために、大学と並行して専門学校に通った場合は、その専門学校は学歴欄に書く必要はありません。1年未満の短期留学も、学歴とはいえません。これらを強調したいときは、「学生時代に力を入れたこと」「学業以外に打ち込んだこと」などの欄で、その旨を記してアピールしましょう。

■ 職歴は正社員のみ記す

　一方の「職歴」は、正社員として雇用された実績がある場合にのみ、記入の対象となります。アルバイトとして働いているうち、「正社員並みの扱いを受けていた」という例はたくさんありますが、雇用形態は「アルバイト」なので、書く必要はありません。大学進学前に「正社員」として雇用契約を交わしたことがある人は、記入するようにしましょう。

　該当する場合は「株式会社○○商会入社」のように記入し、退職時については、「大学進学のため株式会社○○商会退社」のように、退職理由を付け加えるのが基本です。

④ 賞罰の書き方

　最近の履歴書では賞罰欄を設けるケースが少なくなってきました。賞罰を記入する場合は「学歴」「職歴」を記入し終えた後、次の行に「賞罰」と書き、その有無を記入していきます。

■罰は、犯罪歴のみが対象となる

　賞罰の「罰」は、過去に犯罪歴のある場合にのみ、記入することになります。ただし、少年犯罪は記入の対象になりません。また、交通事故で業務上過失傷害などに問われた経験があれば、記入の必要が生じます。

■優勝、準優勝または国際大会での入賞が目安

　では、「賞」はどうでしょうか。「県のスポーツ大会で入賞した」といった経験は多くの人が持っていることでしょう。少しでもプラスになりそうな賞は売り込んでおきたい気持ちになるのは当然です。しかし、履歴書上の「賞」とは、国際レベルの大会や競技での入賞、国内大会なら優勝か準優勝のみを対象と考えましょう。チーム競技の場合は、チーム内でのあなたの役割やポジションについて説明を補足することも重要です。

　文化活動の場合も、国際レベルの展覧会等を１つの目安にしましょう。国内なら著名で権威ある賞を基準に考えてください。

　文化関係では、「総理大臣賞」「○○大臣賞」などといった賞が多数存在しています。肝心なのは「○○賞」といった賞の肩書きではなくて、大会や催しのレベル、社会的な認知度です。だれも知らないような大会で優勝したとしても、それを履歴書の「賞」に記入するのは避けましょう。また、催しの主催者が民間か公的機関かは問題ではありません。

　賞罰に該当がない場合は「賞罰」と記入した次の行に「なし」、該当するものがあるときは、次の行に「賞　令和○年度関東大学対抗○○選手権大会優勝」といった書き方をしてください。

⑤ 趣味・特技・資格・免許の書き方

履歴書で大きく差がつくのは、趣味・特技・資格といった自己PRに関連する内容です。氏名や住所、学歴などの基本的な事項は、字の上手・下手といった違いはあっても、よほどひどい書き方でもしない限り、ほかの学生と大きな差がつくことはありません。

これに対し、趣味や特技といった事項は、ある意味であなたの性格、人生経験などに関連する内容ですから、十分な研究が必要です。

■趣味

これは、当人のセンスがそのまま表れます。しかし、目立とう、注目を浴びよう、との考えから無理やり作ったような内容は、まったく評価されません。学生のノリで「カラオケ」「飲み会」などと書いても、失笑を買うだけです。人間としてのおもしろみ、奥深さが感じられない平板な内容も避けましょう。

「趣味」という以上は、**「力を入れている」**という要素が必要です。「音楽鑑賞」「読書」はしばしば登場しますが、いかにも平凡で、その人の特徴が何も感じられません。ただし、書き方を工夫することによって、自分のセンスを訴えることはできます。例えば、以下のような書き方を見てください。

「読書：とくにミステリーが好きで、作家○○の作品は原書と翻訳本の読み比べをしました」
「音楽鑑賞：クラシック中心で、所有するCDは800枚を数えます」
「スポーツ：体を動かすことは何でも大好きですが、最近は週末ごとにハンググライダーを楽しんでいます」

つまり単語として聞けば平凡な趣味も、その内容を少し説明するだけで、非常に内容豊かに変わるということです。趣味は「単語のみ」で書くわけではありません。だらだらとした説明は禁物ですが、**簡潔な文章で内容を説明する**ことは必須事項といってもよいでしょう。

■特技・資格・免許

特技・資格・免許の記入欄は、ひとくくりになっているケースが多いようです。また「趣味・特技」となっている場合もあります。ただし、記入欄がどのような体裁であれ、「特技」「資格」「免許」を問う欄では、あなた自身が持つ

資格や免許を中心に、自己PRにつなげる書き方をするのが基本です。

　書き方の基本は、資格・免許がある場合は、それを軸にしてください。その場合、秘書技能検定試験、実用英語技能検定、日本漢字能力検定、日本商工会議所簿記検定試験、硬筆書写技能検定など実際のビジネスで役に立つものは重宝されますので、記入の際も優先しましょう。ただし、**資格・免許のうち、評価されるのは最低でも2級**からと考えたほうがよいでしょう。資格の種類にもよりますが、3級程度の能力は履歴書に書いてもあまり効果がありません。とくに、実用英語技能検定の3級などは、中学生のころに取得するようなレベルですから、それを得意気に記入するようでは、逆に英語の能力を疑われてしまいます。また、ビジネスに直接役立たないような資格・免許でも、「学芸員」「図書館司書」などは、その博識が買われることがあります。

　一方、資格・免許とは無関係であっても、パソコンの知識が豊富であれば、一定の評価が得られます。礼儀作法に関係する武道や華道・茶道なども企業には好まれます。また、**「優れている」と自己評価できる内容**も、特技の一種と考えてかまいません。ユニークさをアピールできる欄と考えることもできますが、くれぐれもやりすぎないように。

　実際の記入にあたっては、「趣味」と同様に簡潔な説明を加えて、ほかの学生との差別化を試みるとよいでしょう。次の文例を参考にしてください。

「秘書技能検定試験2級合格：社会人としてのマナー、言葉遣い、来客の接遇、
　　　　仕事の処理方法を学びました」

「着物着付け：留学生との交歓会で、浴衣の着付け係を自分からすすんで引き
　　　　受け、会を盛り上げるのに非常に役立ちました」

「パソコン：エクセルやパワーポイントも使いこなすことができます」

「早歩き：次の電柱までに何人追い抜こうかなどと考えながら歩いています」

「料理：イワシだけで10人分のフルコー
　　　　スを作ったことがあります」

「アニメ：好きが高じてウェブで自作アニメを公開し、それがきっかけでテレビアニメ○○の制作を手伝いました」

6 「得意科目」の書き方

　履歴書の中には「得意科目」に関する項目があります。書式によっては「興味を持って勉強した授業は何ですか？」「学業で力を入れた分野は何ですか？」といった質問形式になっています。いずれにしろ、大学の授業・学業に関する質問です。

　しかし、大学の履修要項を丸写ししたような書き方では、企業側はあなたに何の興味も抱きません。企業は、あなたの「研究分野」に関心があるのではなく、「あなた自身」に関心があるのです。したがって、単なる研究内容の概要説明では、少しもプラスにならないことを覚えておきましょう。研究分野がかなり高度で専門的であった場合も、それを平易に書き記したうえで「プラス・アルファ」を記入する必要があるのです。

■「プラス・アルファ」とは「重点」である

　「得意科目」を記入するにあたっては、**その勉学を通じて人間として何を学んだのか**、どのような人生観・職業観を養ったのか、といった記述を心がける必要があります。それが「プラス・アルファ」ですが、付け足しではなく「重点」と考えたほうがいいかもしれません。

　また、理工系などの専門分野を研究してきた学生は、研究内容と志望先の職種が重なっていることも多いでしょう。その場合は、勉学の結果をどのように仕事に役立てたいかを記述することも考慮してください。参考に次の2つの例文を比べてください。

> A 「国際金融論です。1997年のアジア通貨危機の発生メカニズムを検証し、短期資本移動に対する国際規制の手法とその是非について学びました。危機から回復したアジア諸国では、逆に過剰な資本流入が問題化しつつあり、各国政府の対策が求められています」
>
> B 「国際金融論、とくにアジア通貨危機とその後の課題に関心を持ち、研究を続けています。そのなかで、身近なアジアに対し、自分がいかに無知だったかを思い知らされました。複雑な金融メカニズムを理解すると同時に、アジアの一員として日本は何をするべきか、考え続けています」

　Aは「履修要項の要約型」で、自分をアピールする姿勢を欠いています。B

は書き手の「顔」が見えており、履歴書向きの内容だといえるでしょう。

7 「学業以外で力を入れたこと」の書き方

　これも履歴書には必ず登場する項目です。学業以外の学生生活、つまりサークル活動やアルバイト、ボランティア活動、旅行などについて、あなたの経験を問う項目です。

　ここでの注意点は2つです。1つは、あれもこれもと欲張って、詰め込みすぎないことです。サークル活動であれ、ボランティア活動であれ、「最も」力を入れたことに絞り、それをしっかりと記述しましょう。

　2つ目は、力を入れた活動を詳しく書くだけではだめだということです。得意科目と同様、ここでも「力を入れたこと自体」ではなく、それを通して、あなたがどのように成長したのか、何を学んでいったのかを、企業側は知りたがっているのです。

■失敗や苦労をどう乗り越えたかが重要

　実際の記入では、成功した話より、**苦労した話、失敗した話**などを取り上げて、それをどうやって乗り越えたのかに重点をおきましょう。克服していく過程で、原動力になったのは何か。チームワークか、積極性か、冷静さか、そういう視点と流れで書いていけば、「積極性を学んだ」というありきたりの結論でも、説得力が格段に違うはずです。何を題材にするかは、自己PRとの兼ね合いでじっくり考えてください。ただし、「いかにすごいことをやってきたか」という考え方に基づいて題材を選ぶのは、あまりおすすめできません。

■自分の成果を過大評価しないこと

　最近の履歴書では、海外旅行や短期留学の経験を過大に自己評価するケースや、サークル内での役職を自分で過大評価し、「幹部としてやってきた」と得意気に記述する例が目につきます。若者らしい元気のよさは必要ですが、それが「うぬぼれ」につながっては、意味がありません。

　また、例えば学生が一人での海外旅行やバックパッカー体験をさも大変なことを成し遂げたという表

内容によっては、マイナスになることも

現で書くケースがあります。本人にとっては達成感が強い体験かもしれませんが、自己アピールのネタとしては使い尽くされています。それだけでは「ああ、それが初めての自立体験なのね」とかえって幼さのアピールにもなりかねません。ここはその一人旅で「何を経験し」「何が得られたのか」を記述しましょう。

8 「プラス・アルファ」を考えよう

さて、ポイントを押さえつつ、立派な履歴書ができ上がったら、後はもう何もすべきことがないのでしょうか？

そんなことはありません。エントリーシートも含めて、履歴書は記入がすべてではないのです。何百、何千人と応募してくる中で、いかに自分の履歴書を価値あるものとしてアピールすることができるのか、自分の考えうる範囲で、できることはすべて試みてみるくらいの意気込みが必要です。

ここでは、記入後に注意すべきことや、ちょっとした工夫でポイントをアップするにはどうしたらよいかなどを記しておきましょう。いずれも「最後の最後までプラス・アルファを考える」という姿勢を忘れないことが大事です。

■封筒の宛て先の書き方

履歴書は、面接などに持参する場合と、郵送する場合があります。郵送する際には、次の点に注意しましょう。

送り先の住所、郵便番号は、履歴書と同じように、丁寧な楷書で書きましょう。**企業名は、略称・愛称でなく、正式名称**をきちんと書く必要があります。さらに「株式会社○○」「○○株式会社」というように「株式会社」も忘れずに正しい位置に記入してください。部署名と採用担当者の氏名も正確に書く必要があります。**部署名の最後には「御中」**を、**担当者の氏名の後には「様」**を忘れないでください。

また、封筒の左下には**「履歴書在中」**と朱書きする必要があります。切手は料金不足になっていないか、投函前にもう一度、確かめましょう。

差出人の住所、氏名は楷書で正確に書き、必ず郵便番号を添えるのを忘れないでください。郵便番号を忘れてしまうと、企業側があなたに書面を送るとき、番号を改めて調べなければなりません。「相手に余分な手間をかけさせない」、これは履歴書送付時だけでなく、社会人としての常識です。

■手紙を添える

　企業の担当者は、膨大な数の履歴書を受け取ります。次々と送られてくる履歴書在中の封書を開いたとき、そこに丁寧な手紙が1枚あるかないかは、印象度を大きく左右します。履歴書を送る旨を記した手紙は、必ず添えるようにしましょう。

　その際、志望先の企業に対する熱意や自分自身の自己PRなど、種々の内容を書くことが可能です。その内容が光っていれば、必ず担当者は、上司に「こういう手紙が添えてありました」と報告するでしょう。

　ただし、何ごとも節度が肝心。あまりに長々とした手紙や、失礼にあたる表現を用いた手紙などは、逆にあなたの人間性が疑われる結果になります。

■教授の推薦状も効果的

　ゼミや授業でお世話になっている担当教官から、企業への推薦状を書いてもらうのも非常に有効です。先ほども言いましたが、企業には膨大な数の履歴書が送られてきます。そこに「この学生は真面目に勉学に励み、クラブ活動等も実に熱心だった」という趣旨の推薦状があれば、相当の効果があります。

　もともと企業側は、学生に関する情報がゼロなのです。「しっかりした優秀な学生を採用したいが、エントリーシートや面接だけで本当に優秀な学生を採用できるのだろうか」という不安を、企業側はいつも抱えています。ですから、履歴書を郵送する際に、大学教授が直筆で書いた推薦状が同封されていれば、企業はむげに扱うことはできませんし、企業にとっても、学生に関する重要な情報を得ることになるわけです。

　推薦状を書いてもらえるかどうか、まずは教授に相談してみましょう。なかには実業界と密接な関係・人脈を有する教授もいます。推薦状だけでなく、就職活動に関する思わぬ情報、展開が得られるかもしれません。

　また推薦状は、教授だけに限りません。アルバイト先の所属長や、社会的地位のある人の一筆は、かなり有効です。

推薦状があるだけで、企業へのアピール度は上がる

＜履歴書添削例＞

①年号は「元号」（令和〇年）か「西暦」（20〇〇年）のどちらかに統一する。「元号」を使うほうが一般的。

②現在では、押印の欄がない書式も多い。

③「ふりがな」とあるときはひらがなで、「フリガナ」のときはカタカナで書く。

④住所は「〇〇県」か〇〇県」から省略せずに書く。

⑦中学校・高校は「〇〇県」から書く。

⑧繰り返し記号（〃）は使わない。

履 歴 書		20・00年 〇月 27日現在		写真をはる位置

写真をはる位置
写真をはる必要がある場合
1. 縦 36 ～ 40 ㎜　横 24 ～ 30 ㎜
2. 本人単身胸から上
3. 裏面のりづけ

ふりがな 氏名	サトウ　ユウカ	印
	佐藤 優花	

生年月日　平成〇年　5月　5日生　（満〇歳）

ふりがな　チバシ ミハマク サイワイチョウ
現住所 〒261-0001　千葉市美浜区幸町〇-〇-〇← ⑤「丁目・番・号」と正確に記入する。

電話など　265-0000

ふりがな
連絡先 〒　　　　　　　　　　（現住所以外に連絡を希望する場合のみ記入）
⑥市外局番を省略しない。とくに一人暮らしの人は、　　　　　方
電話など　携帯電話番号やメールアドレスなども記入する。

年	月	学歴・職歴（各別にまとめて書く）
		学 歴
平成〇	3	千葉市立幸町中学校卒業
〃 〇	4	千葉県立花見川高校入学 ← ⑨「高等学校」と正式名称で書く。
令和〇	3	〃 　　　　卒業
〃 〇	4	東亜学院大学文学部入学 ← ⑩「学科」まできちんと書く。
〃 〇	3	〃 　　　　卒業見込
		職 歴
		なし
		以 上
		＊卒業後に合併などで母校の名称が変わった場合は、旧校名とともにカッコ書きで新校名を記すとよい。

●写真はスピード写真ではなく、写真館できちんと撮影すること。服装はスーツが基本で、ヘアスタイルやメーク（女性の場合）にも気を配る。

⑪資格や免許の名称の最後には「合格」「取得」などを入れる。

年	月	免許・資格
20○○	1	中国語検定試験2級

得意な科目・分野	自覚している性格
中国語 講読	長所：負けん気が強く、リーダーシップを取るほう。 短所：先のことを考えずに行動してしまうところ。

⑫学習した内容を具体的に説明すること。

スポーツ・クラブ活動・文化活動などの体験から得たもの	特技など
中国文化研究会	バドミントン 洋楽鑑賞

⑬「体験から得たもの」とあるので、クラブやサークルの名称だけではなく、説明を補足すること。

志望の動機

「新しい居住空間の創造」という貴社の経営理念に共感し、私もここで働きたいと思って志望しました。

⑯会社案内を引用しただけではだめ。狭いスペースでも、自分の言葉で書くように工夫する。

本人希望記入欄(特に給料・職種・勤務時間・勤務地・その他についての希望などがあれば記入)

とくになし。──⑰何も書かないようでは、意欲を疑われる。とにかく空欄はできるだけ少なくすること。

保護者(本人が未成年者の場合のみ記入) ふりがな		電話など
氏 名	住 所〒	

⑭短所を書く場合は、それをどのように改善しようと努力しているかを付け加える。

⑮平凡な印象を与えるので、特技ならどのような実績があるのか、趣味ならどんな分野にとくに興味があるのかを補足する。

●書き終わったら、記入もれや誤字・脱字がないか必ず見直す。
●提出する前に、書いた内容を忘れないようにコピーを取っておく。

履歴書に添える手紙

令和〇年〇月〇日

① 株式会社□□システム
人事部人事課
〇〇〇〇様

〒108-0074
東京都港区高輪〇丁目〇番〇号
TEL03-3879-〇〇〇〇
田村健太

履歴書の送付について

拝啓　貴社ますますご清栄のこととお喜び申し上げます。

　私は現在、沼南大学理工学部3年に在学中です。〇月〇日に
面接を受けさせていただいた際に、送付のご指示をいただきま②
した履歴書を、お送りいたします。

　貴社は他社に先駆けて次々と新たなシステムを開発され、業
界トップの実績をあげていらっしゃいます。私もそのような貴
社の一員として、システム開発に携わりたいと願っております。

　つきましては、履歴書一式を同封いたしましたので、ぜひご
検討のうえ、次の面接の機会を賜りますよう、心よりお願い申
し上げます。

　まずは取り急ぎ、お願いまで申し上げます。

敬具

①会社名は略さず、正式名称を書く。「株式会社」を（株）にしないこと。
②面接後に送る場合は、受けた日付を書く。応募時の場合は、求人情報をどこで知っ
　たか、新聞や情報誌などの媒体名を書く。

封筒の宛て先の書き方

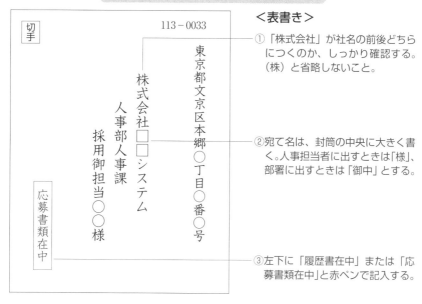

```
切手          113 - 0033

東京都文京区本郷○丁目○番○号

株式会社□□システム
人事部人事課
採用御担当○○様

応募書類在中
```

＜表書き＞

① 「株式会社」が社名の前後どちらにつくのか、しっかり確認する。（株）と省略しないこと。

② 宛て名は、封筒の中央に大きく書く。人事担当者に出すときは「様」、部署に出すときは「御中」とする。

③ 左下に「履歴書在中」または「応募書類在中」と赤ペンで記入する。

＜裏書き＞

④ セロハンテープなどは使わず、のりで封をする。封じ目には「封」か「〆」を入れる。

⑤ 送付する日付を記入する。履歴書、同封する手紙と日付をそろえる。

● 通常、履歴書用紙には定型サイズの封筒が添付されているが、それを使うと履歴書を小さく折りたたまなければならない。このページのような角封筒を利用すれば、履歴書に余分な折り目をつけずに送ることができる。ただし、「定形外」になるので、切手代に注意すること。

⑥ 都道府県名を略さず、正確に書く。

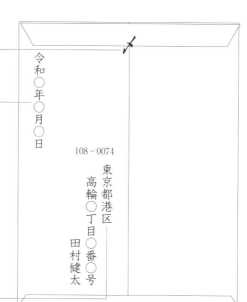

```
〆

令和○年○月○日

108 - 0074

東京都港区
高輪○丁目○番○号
田村健太
```

「自分らしさ」を文章で表現するコツ

　自分自身について、口頭では説明できても、いざ文章にしようとすると、どう書いていいかわからないという人も少なくありません。そこで、大学生にインタビューした内容と、それを履歴書にまとめた実例を紹介します。

① 食品会社志望のNさん（男性）の場合

■[得意な学科]

　「食料経済学研究室で企業会計学を学んだ。実際の食品会社の予算・決算書をもとに、その会社の経営分析を行った。ゼミの先生から、収益性がどのくらいあるかの見方を教えてもらい、改善点を探ったりした。私自身、過去2～3年の決算書を見れば、その会社の経営状態がほぼ分析できるようになった」

■[趣味]

　「ピアノを小学校1年生のときから続けてきた。大学に入り、一人暮らしをするようになって一時はやめようと思ったが、あきらめきれず、電子ピアノを購入した。狭い部屋がピアノに占領された。楽譜を買ってきては弾いている」

■[特技]

　「卓球を中学・高校と続けた。中学のときに地区大会で優勝し、高校からスカウト（推薦入学を勧められた）されたほどだ。高校では、インターハイ県予選で5位入賞」

■[自覚している性格]

　「負けず嫌いが長所であり短所。高校で卓球部に入ったばかりのころ、どうしても勝てない先輩がいて、勝ちたい一念で練習をやりすぎ、ケガをしてしまった経験もある」

■[志望動機]

　「実家が兼業農家で、子供のころから農業に親しみ、農産物の流通や食品業界に興味を持つようになった。大学も農学部を選んだ。食品会社は、消費者と生産者の間にある存在。食品会社の経営分析を学んだ経験を生かし、消費者と生産者のそれぞれの意見に耳を傾け、商品開発の仕事をしたい」

Nさんの履歴書

年	月	免許・資格
令和○	10	普通自動車第一種免許取得
令和○	1	日本商工会議所簿記検定試験1級合格

得意な学科

　食料経済学（実際の食品会社の経営を分析し、決算書を見れば経営状態がわかるほどになりました）

趣味

　ピアノ（小学校1年生から始め、現在も練習に励んでいます）

特技

　卓球（中学のときに地区大会優勝。高校ではインターハイ県予選で5位でした）

自覚している性格

　負けず嫌い。くやしさをバネにチャレンジする前向きな性格です。

志望動機

　家が兼業農家で農業に親しんできました。次第に農産物の流通や食品業界全体に興味を持つようになり、大学でも専攻しました。消費者と生産者の間で両者の声を聞きながら、これからの食品について考えたいと思い、志望しました。

本人希望記入欄

　商品開発の現場で働きたいと考えています。

② 原糸・化繊メーカー志望のTさん（女性）の場合

■[得意な学科]

「化学がおもしろかった。"化粧品の化学""石鹸の化学"など、身近な題材を取り上げての内容だった。化粧品や石鹸が、どういうふうに作られていくのかという過程がわかった。糸をつむぎ、染色し、織るという"織"を専攻している私にとって、論理的に物の構造を理解するという経験が役に立った」

■[趣味]

「スキューバダイビングが好き。海の中の独特の世界に触れることで感性を豊かにすることもあるんじゃないかな。私はよく、海の中のものや生物に実際に触れてみる。"織"は平面的ではない。さわった感触を生かすことができる」

■[特技]

「料理。塩加減に自信がある。だしを使わず、湯と塩だけでお吸い物が作れる。塩が少ないと水っぽいし、多すぎると塩辛い。ちょうどいい塩加減ができると、けっこういけるお吸い物が作れる」

■[自覚している性格]

「友だちからよく"なごみ系だね"と言われる。いつも笑ったような顔をしているかららしい。接客業のアルバイトを多く経験してきたから、笑顔が身についたのかも。ただ、逆に"笑顔できついことを言うね"とも。けっこう自己主張もできる性格みたい」

■[志望動機]

「"織"は伝統的なもの。自己表現の手段として、大学時代、作品を作ってきた。こうした経験を生かせる企業に入りたい。ただ、商品化するのだから単なる自己満足にとどまらず、多くの人に認めてもらえるものにすることが、これからの私の課題だと思う。

　A社はもともと原糸メーカーだったが、今では合成化学製品や食材まで幅広い分野に進出している。冒険する会社は逆に、伝統的なものも大切にするはず。私の力も生かせると思う」

Tさんの履歴書

年	月	免許・資格
20○○	9	普通自動車第一種免許取得
20○○	7	色彩検定2級　合格
20○○	7	カラーコーディネーター検定試験アドバンスクラス　合格

得意な学科

化学（「化粧品の化学」など身近な題材を取り上げて学びました。構造的な理解を深められ、作品作りのうえでも役に立っています）

趣味

スキューバダイビング（海の中の世界に直接触れて、芸術的なセンスを養えたと思います）

特技

料理（塩加減に自信あり。だしを使わずおいしいお吸い物を作れます）

自覚している性格

人をなごませる性格です。一方、笑顔のままでしっかり自分を主張できる意志の強さも持っています。

志望動機

貴社は原糸メーカーであると同時に、合成化学製品や食材なども手がけ、広範囲に事業を展開し、業界トップに君臨しています。そうした先進企業にもかかわらず、伝統的なものを大切にする社風であると伺っています。貴社に就職できれば「織」という伝統的な芸術を専攻した私の力を生かせると考え、志望しました。

❸ 総合商社志望のKさん（女性）の場合

■[得意な学科]

「英文科の授業では、卒業論文のテーマにしたマーク・トウェインを含む、近代文学の授業がおもしろかった。得意というのとは少々違うかもしれないけれど、アメリカ人のメンタリティというものがよくわかって、印象深かったし、アメリカ南部を旅行したときにも、テーマ性のある旅ができたと思う」

■[趣味]

「しばらく行けていないが、海外旅行。ヨーロッパの国々を陸路で旅して回り、ニュージーランド、オーストラリア、インドネシア、アメリカ、メキシコ、ブラジルも。アフリカにはまだ行ったことがないが、音楽を聴いてあこがれている。社会人になったら、休暇を利用してアフリカに行ってみたい」

■[特技]

「英会話。海外旅行をくり返すうちに身に付いた部分もあるけれど、旅行から帰るたびに、もっと英語が話せるようになって、現地の人と語り合いたいと思い、力を入れて勉強した。おかげで実用英語技能検定準1級に合格した」

■[自覚している性格]

「無鉄砲というのか、思い立ったら即実行型。海外旅行でも、ホテルとか予約しないで、とにかく現地に直行してしまう。ちょっと危険なこともあったけど、それもまた楽しい。陽気な行動派ってところかな」

■[志望動機]

「せっかく実用英語技能検定で準1級を取ったので、それを生かせる職場が理想なんです。海外旅行の経験も豊富なので、海外支店にも勤務したい。

C社の経営理念が、"各国の文化を尊重して世界全体の発展に貢献する"だと知って、深く共感しました。ここならやりがいを感じられる、と確信しています」

Kさんの履歴書

年	月	免許・資格
令和○	10	普通自動車第一種免許取得
令和○	7	実用英語技能検定準1級合格
令和○	3	中学校・高等学校教諭一種免許状（英語）取得見込

得意な学科

　アメリカ近代文学（マーク・トウェインの研究を通じて、アメリカ人のメンタリティを理解できました）

趣味

　音楽鑑賞（アフリカ音楽）、海外旅行（大学3年間で16か国を踏破）

特技

　英会話（実用英語技能検定準1級）、ウェブデザイン

自覚している性格

　陽気な性格。積極的でものおじしない。新しいことに、どんどんチャレンジしていく。

志望動機

　貴社の経営理念が、「各国の文化を尊重して世界全体の発展に貢献する」だと知り、強くひかれました。学生時代に培った英語力と、海外での行動力を生かし、国内外の人と信頼関係を深めながら、向上心をもって仕事をしたいと思います。

④ 医療機器メーカー志望のSさん（男性）の場合

■[得意な学科]

「音声学かな。外国語学部の授業は、言語学とか音声学のほかは、すべて専攻した言語だから、ドイツ語会話、ドイツ語文法、ドイツの新聞講読とか、ドイツ語のオンパレードなんです。だから、ドイツ語ではあるんだけれど、もうちょっと一般的な音声学がおもしろかった。成績もよかったです」

■[趣味]

「とくにこれっていう自信のあるものがないんです。なんとなく3年間過ごしちゃって。ギターを少し弾くくらいかなぁ。旅行も国内しか行っていないし。そうだ、バスケットボールの同好会に入っていることをアピールにつなげられるかな」

■[特技]

「どんな人とも仲よくやれるっていうことくらいかなぁ。それから、ドイツ語は多少できるので、オーストリアのスキー連盟が来日したとき、アルバイトで通訳をしました」

■[自覚している性格]

「おとなしい。温和。争いを好まないんです。ホントは自己主張が苦手なんですが、履歴書にそう書いてしまってはマズイですよね。協調性があるとか、気配りができるというところでしょうか」

■[志望動機]

「こういう性格ですから、利益を追求するよりも、コツコツと分析するとか、社会貢献度の高い仕事が合っているように思います。ドイツにも支社があるということで、少しはドイツ語が役に立つかもしれないと考えて志望したんですが」

Sさんの履歴書

年	月	免許・資格
令和○	7	普通自動車第一種免許取得
令和○	5	基本情報技術者試験合格

得意な学科

　音声学（発声の方法、イントネーションなどについて学びました）

趣味

　ギター演奏（ポップス）

　バスケットボール（練習場所の確保や会計係を担当し、メンバーが楽しく活動できるように心がけました）

特技

　ドイツ語の日常会話（通訳のアルバイトも経験しました）

自覚している性格

　温和で協調性に富む。気配りができる。

志望動機

　医療機器は、超高齢社会に突入した日本において、ますます需要が高まります。医療機器が進歩すれば、病気になったり、年をとったりしても、希望を持って生きられると思います。医療現場を支える貴社の一員として、人の役に立てる仕事ができればと思って志望しました。

⑤ 証券会社志望のＵさん（女性）の場合

■[得意な学科]

「金融論。貨幣の歴史とか、為替の始まりなどについての授業は、とてもおもしろかった。成績がよかったのは、金融自由化の進展についてのゼミ。このゼミのおかげで、金融機関に就職するのもおもしろそうだなと思ったんです。簿記とかは苦手だったけれど」

■[趣味]

「登山。ワンダーフォーゲル部に所属しているので、日本百名山は半分以上踏破している。けっこう地味な趣味ですけどね。山頂にたどりついたときの爽快感は、何物にも代えがたいものがありますよ」

■[特技]

「持久力があり、体力を使う仕事が得意。重いものを持って運ぶのも苦にならないです。あと、地図が読める。だから、はじめて行く場所でも、道に迷ったことがないんですよ」

■[自覚している性格]

「粘り強い。山登りで鍛えられた我慢強さ。知的好奇心も旺盛で、何にでもトライしてみようと思い、阿波踊りに参加したり、他大学の学生との交流サークルにも所属している」

■[志望動機]

「世界経済のダイナミックな動きを肌で感じられるような金融業界に大きな魅力を感じる。また、Ｎ証券は『ワーク・ライフ・バランス』を非常に大切にしていると聞いたから。仕事とプライベートの両方を充実させて、働き続けたいと考えているので」

Uさんの履歴書

年	月	免許・資格
20○○	9	普通自動車第一種免許取得
20○○	3	ファイナンシャル・プランニング技能検定2級合格

得意な学科

金融論（とくに金融自由化について）

趣味

登山（日本百名山は半分以上踏破しました）

特技

重い荷物を運ぶこと。体力・持久力に自信があります。

地図が読めること。知らない場所でも道に迷いません。

自覚している性格

行動的で粘り強い。明るく、協調性があります。自分から新しいことに挑戦しています。

志望動機

大学で学んだ知識をベースにして働くことができるため、証券会社を選びました。資産形成の方法について、お客さまの役に立つアドバイスをしたいと考えています。また、貴社はとくに「ワーク・ライフ・バランス」の実現に力を入れているとお聞きしています。人を大切にする企業で、人の役に立つ仕事をしたいと思っている私にとって、最高の職場環境と考えて志望しました。

必要事項をズバリと伝える項目別記入例

　履歴書の記入欄は非常にコンパクトです。記入する内容をよく吟味して、不必要な形容詞はカットするなど、極力短くてインパクトのある表現を心がけましょう。

	好きな学科・得意な学科
①	企業会計学。財務管理が中心でしたが、具体的な会社の経営分析を通じて、マーケティングの重要性を学ぶことができました。
②	女性学で、とくに「女性のリーダーシップ」をテーマに研究しました。企業にも実際に取材するなど、女性と社会の2つの視点から取り組みました。
③	法学。少年法改正の是非を論議する中で、この法律の意味や、実際にどう機能しているかを検証するなど、現実に即した法律論を学びました。
④	英語。大学の講義はもちろん、1年生のときの留学や日本語学校でのボランティアなどを通じて、実践的に身につけました。
⑤	経営管理を歴史学や社会学を交えて学んだことで、広い視野を養うことができました。
⑥	「現代文学とアニメーション」をテーマに、具体的な題材を取り上げて比較・検討する中で、芸術表現についての自分なりの理解の仕方や方法論を身につけました。
⑦	教育論です。受験教育と情操教育のあり方を考えてきました。学習塾でのアルバイトやフリースクールでのボランティアを通じて、両者の両立の難しさを実感し、課題を見出したと思っています。
⑧	現代マスコミ論です。新聞各紙の記事を比較・研究し、日本独特の制度である記者クラブの問題を通じて、報道のあり方について考えました。
⑨	社会福祉論。この教科を通じて私が最も驚いたのは、福祉を「恩恵」と考える流れがいまだにあることです。「権利としての社会福祉」が私の追究したいテーマです。

⑩	歴史学です。世界の先住民族と彼らを侵略した側（米国のネイティブ・アメリカンとヨーロッパからの移民、日本人とアイヌの関係など）の歴史について検証し、先住民族の権利のあり方を考えました。
⑪	色彩学。色彩が人間に与える物理的・心理的効果を学び、資格取得にもつなげました。
⑫	材料学を学び、卒業論文のテーマにもしています。スポーツウェアの素材の重要な要素となっている通気性と保温性について調べ、素材開発のあり方を追究しています。
⑬	社会運動史を学ぶ中で、世界の社会福祉制度が労働運動によって充実してきたことを学びました。日本の労働運動の現状を考えるきっかけにもなりました。
⑭	スポーツ生理学です。プロのアスリートがこの学問に基づいてどんな練習方法を取り入れ、どんな成果をあげているかを学んできました。
⑮	国際経済を学び、中心テーマとしたSDGsについては深い認識と自分なりの視点を持っています。
⑯	地球環境、なかでも温暖化防止策について研究し、先進国と開発途上国の協力のあり方を検討しました。
⑰	言語学です。とくに日本語のルーツを研究し、アジア諸国の言語を比較・検討しました。
⑱	物理学全般に興味を持っていますが、とくに統一場理論に魅せられ、「4つの力」の統一については今後も自分なりに研究したいと考えています。
⑲	フロイトの精神分析理論が研究テーマでした。古典的テーマですが、性衝動が人間の行動をどう支配しているのか、フィールドワークも取り入れて研究してきました。
⑳	動物行動学。サルなどの行動を観察する中で、人類への進化の謎を考え、知的好奇心をかき立てられました。
㉑	地方自治論。地方分権社会と民主主義のあり方の方向性を探りました。
㉒	家族関係論です。日本で核家族化によって進んだ個人主義が、アメリカで発展してきた個人主義とどう違うのかを検討しました。

㉓	選挙制度について。小選挙区は本当に選挙資金がかからないのか、いくつかの選挙区を例に検討しました。
㉔	発達心理学。保育所などで実際に子どもに接するなかで、実践的に研究テーマを深めました。
㉕	ダーウィンの進化論に共鳴し、現代の遺伝子工学などを取り入れながら発展的に学びました。
㉖	中国語。言葉だけでなく、中国の歴史や社会体制について学んだので、語学力も飛躍的にアップしました。
㉗	コミュニケーションの多様性について類人猿を研究し、それがどう人類に受け継がれてきたかを類推しました。

趣味・スポーツ

①	映画鑑賞（洋画を中心に動画配信サイトやＤＶＤを含めて週２本以上、年間100本以上観ています）。
②	切り絵（風景が好きで、全国を旅行して作品を制作しました）。
③	音楽鑑賞と楽器演奏（楽器は弦楽器中心に、８種類をマスターしました）。
④	パソコン（自分で組み立てるほどで、パソコンのすべてに精通しているつもりです）。
⑤	海外の友人とのＥメールのやりとり。世界３か国に10人以上の友人がおり、英語でやりとりしています。英語力の向上につながっています。
⑥	写真撮影（風景や人がテーマで、バッグの中にいつもカメラが入っています）。
⑦	合唱（中学１年生から９年間続け、大学内外で３つの合唱団をかけもちしています）。
⑧	日常生活よりお金をかけないことをテーマにした野宿旅行。
⑨	スキー（部活動では部長。スキー準指導員の資格も取得）。

⑩	サッカー観戦（世界各国へ行って日本代表チームを応援しました。その費用のためにアルバイトに励む日々でした）。
⑪	趣味はサッカーです。所属しているサッカーサークルでは代表を務め、組織の中で自分の果たす役割を自ら見つけていく方法を学びました。
⑫	水泳。小学校から大学までずっと続けています。大学の水泳部では、熱心な態度が周囲に認められて副主将に選ばれました。
⑬	スキューバダイビング（日常とは違う世界を見ることで、感性が磨かれました）。
⑭	アウトドアスポーツ（山登り、カヌー、キャンプなどありとあらゆるものに挑戦）。
⑮	部屋の模様替え。大学で学んでいること（色彩学）を、自分の部屋で実験しています。
⑯	コンピューターで音楽を作ること（番組制作会社から仕事を頼まれるようになり、趣味と実益を兼ねています）。
⑰	ニュービジネスについてアイデアを考え、頭の中でベンチャー企業の社長になること。
⑱	競技としての麻雀（プロも出場する大会で準優勝しました）。
⑲	ロック音楽の訳詞（これまでに50曲）。
⑳	人間ウォッチング（好奇心旺盛です）。
㉑	資格取得（実用英語技能検定1級、TOEIC L&R公開テスト スコア 780点のほか、日本商工会議所簿記検定試験2級、秘書技能検定試験2級など）。
㉒	『家庭の医学』を読むこと。1年間かけて読破し、たいていの病気の基礎知識を身につけました。
㉓	美術館めぐり（イタリア・フランス旅行では主要美術館をほとんどすべて回りました）。

㉔	ジャズのレコード・ＣＤ収集（アメリカに出向き、レア盤を集めてくるほど）。
㉕	ボランティア活動（人の役に立てることが大きな喜びで、福祉施設などで10種類以上のボランティアを経験）。
㉖	人前で歌うこと（自分でピアノの弾き語りをするなど、生の演奏をバックに。ぬくもりのある音を大切にします。カラオケは好きになれません）。
㉗	読書（逢坂剛、東野圭吾、大沢在昌の各氏の著書はほとんど読破しました）。
㉘	スマートフォンで日常のなにげない出来事の動画を撮影し、それを動画サイトに投稿することです。自分の発見や感動にどんな反応があるか、コメントを読むのが楽しみです。
㉙	私は歴史が趣味です。この中には芸術、言語、政治、経済などあらゆる要素が入っているので、単に１つの流れとしてとらえるのではなく、その要素の１つひとつを見つめ、裏でどのようなことが起きていたのかを考えるのが好きです。
㉚	趣味は読書（司馬遼太郎全巻読破）、テニス（高校時代テニス部副主将）、海外旅行（とくにモンゴルの大草原に寝ころび、見上げた満天の星空は忘れられません）。

特技

①	重い荷物を持つこと（趣味の写真撮影で重い機材を運んでいたため、一度にいくつもの荷物を運べます）。
②	大勢の人前で緊張せずに話すこと（大学祭実行委員長の経験によって鍛えられました）。
③	ゴリラと会話すること（上野動物園に、ゴリラを撮影しに通っているうち、アイコンタクトができるようになりました）。
④	料理に入っている調味料を言い当てること。

⑤	憲法前文を暗唱できます。
⑥	カタログを見ただけで、電化製品の機能や性能をほとんど理解することができます。
⑦	SNSを通じてのメッセージ発信。友人たちからも「おもしろい」「考えさせられた」と好評です。
⑧	だれとでも仲よくなれます（新幹線で隣り合わせた人、定食屋のご主人など。自分から話しかけ、老若男女問わず、すぐに親しくなります）。
⑨	粗食に耐えられます。1日400〜500円、1か月14000〜15000円以内の食費で自炊しています。
⑩	いつでも心からの笑顔になれることが最大の特技です。
⑪	どんな人でもいいところを発見できます。
⑫	家事全般（毎日手作り弁当を持って通学しています。アイロンかけはプロ顔負けのテクニックです）。
⑬	常に学ぶ機会を広げていきたいという気持ちと、自らの努力のバロメータとして、フランス国民教育省認定公式フランス語資格試験（DELF・DALF）を取得することに力を入れ、目標を達成しました。
⑭	書道（大学2年生で師範位取得）。
⑮	特技はパソコンです。パソコン教室でインストラクターをしています。
⑯	特技は、人の話を上手に引き出して明るい雰囲気を作ることです。
⑰	人の顔と名前を瞬時に覚えることが得意です。
⑱	日本商工会議所珠算能力検定試験1級。暗算も計算機より速くできます。
⑲	ジェスチャーが得意です。海外旅行先や、聴覚障がいの人とのコミュニケーションにも役立ちます。
⑳	どんな場所でも熟睡できます。
㉑	折り紙。古典的なものから、ゴジラやロケットまで作れます。

㉒	30人分の食事作り。広告研究会の夏合宿で、毎年、食事当番をして鍛えました。
㉓	自己流占い。星占い、血液型占い、四柱推命と家族構成で占います。意外にも高い的中率を誇っています。
㉔	荷造り。絶対無理だと思われるような荷物の山でも、きちんとスーツケースに詰め込み、びっくりされます。
㉕	腕立て伏せ。体は細いのですが、腕立て伏せを100回続けられます。
㉖	人生相談。なぜか、よく相談ごとを受けるのですが、あなたに聞いてもらって心が軽くなったと言われます。
㉗	要約筆記。市のボランティア講座で学びました。
㉘	イラスト。中学・高校・大学と、漫画研究会に所属していたので、イラストや4コマ漫画が得意です。
㉙	戦中・戦後のナツメロをフルコーラス歌える。高齢者介護施設などの訪問ボランティアでは、非常に好評です。
㉚	指圧・マッサージ。伯父がカイロプラクティックの治療院を経営しており、教えてもらっています。

志望動機

①	私は、マスコミ業界に入りたいとは考えていません。ジャーナリズムにかかわりたいのです。貴社は、社会・政治の問題に鋭く切り込んだ出版活動を展開されています。私の夢を実現する職場と考え、志望しました。
②	旅行という、非日常的で貴重な体験をお客さまに提供できる仕事にやる気をかき立てられています。斬新な企画を提案し続けている貴社に魅力を感じています。

③	生活空間を演出するインテリアにかかわる仕事をしていきたいので、「生活に夢とうるおいを」という提案をされている貴社に入社して、私の思いを形にしていきたいと考えています。
④	人のやすらぎの場所である「家」に携わる仕事をしたいと考えています。環境に配慮した家作りの技術開発に力を入れている貴社に、感銘を受けました。
⑤	着る人の立場に立った販売をされている貴社の姿勢に共感します。私は1人ひとりのお客さまの個性を引き立てるファッションを提案していきたいと思っています。
⑥	常に新しい便利なものを追求する貴社に魅力を感じています。アイデアが重視される家電業界で、私も常にアイデアを提案する前向きな姿勢で働きたいと考えています。
⑦	私は常々、高齢者介護をサポートする仕事に就きたいと考えてきました。介護用ベッドの開発で先陣を切った貴社なら、その希望がかなうと考え、志望しました。
⑧	人生100年の時代をどう生きるかを考え、生涯教育に力を入れている貴社の姿勢に共感しました。
⑨	貴社は事業の多角化にいち早く対応された印刷会社です。大学時代に新聞部で培った経験を生かしたいと考え、志望しました。
⑩	新型コロナの流行によって、「治す」だけでなく、そもそも「予防する」ことが多くの人々の健康を守ることになるとわかりました。ワクチンの製造や、数々の予防医療用品をそろえている貴社に注目し、志望しました。
⑪	地域密着型の介護サービス事業を展開して15年の歴史を持つ貴社で、介護を学んだ私の力を生かしたいと思い、志望しました。
⑫	鉄道業務以外にも、さまざまな分野に進出して市民生活に大きく貢献されている貴社で、自分の力を生かしたいと考えて志望しました。
⑬	民放各社の中で、最も美しい日本語を話すアナウンサー教育をされている貴社の姿勢に非常に感銘を受けました。言葉を大切にした番組作りができればと思います。
⑭	「安くておいしいものを」という理念で、イタリアンレストランのチェーン展開をされている貴社の姿勢に共感しました。

⑮	環境型エンジンの開発や、機能性とデザインを融合した新車種の開発など、他社には見られない進取の精神を持つ貴社で、仕事をしたいと考えています。
⑯	金融政策を学んできました。世界経済の動きを身近に感じられる証券業界は、やりがいのある職場だと考えました。
⑰	ニュース番組作りに定評がある貴社で、ニュースをよりわかりやすく映像にのせる仕事をしたいと考え、志望しました。
⑱	生徒の主体性や個性を大切にされている〇〇予備校で、学生たちにやる気を起こさせる授業を担当したいと考え、志望しました。
⑲	貴社のパソコンの機能的な設計に、感動しています。ぜひ、貴社製品を世の中に販売する仕事をしたいと思い、志望しました。
⑳	署名記事を多用するなどの貴社の紙面作りに共感し、私も自分自身の視点を持った記者になりたいと考え、志望しました。
㉑	他社に先駆けて次々に新技術・新商品を開発する貴社のフロンティア精神に共鳴するところが多く、志望しました。
㉒	老舗といわれる貴社で、本格的なホテルサービスを身につけ、心からの笑顔でお客さまに接していきたいと思います。
㉓	流行に流されず、個性としてファッションをコーディネートしている貴社の事業に参加することを切望しています。
㉔	食品の安全性が問題となっている時代。「産地直送」「無添加・無着色」などをキーワードに展開されている事業に興味を持ち、自らも携わりたいと思い、志望しました。
㉕	個人向け営業に興味があったからです。個人のお客さまの資産運用を通して、社会と人とを支えていきたいのです。貴社はこの分野にとくに強いので、志望しました。
㉖	大学で習得した経済の知識が活用できると思い、志望しました。グローバル化が進展する高度情報化社会の中で、法人・個人を問わず、資産形成は非常に重要だと考えます。
㉗	測量という本業のほかにも、環境エンジニアリングというこれから大きく発展すると思われる事業に進出されている、貴社の経営姿勢に感銘を受けましたので、志望しました。

㉘	質のよい音楽を世の中に送り出す仕事は、単なる娯楽以上の、大切な価値があると思います。「心の時代」に不可欠な良質の音楽を提供する仕事をしたく、志望しました。
㉙	目ざましい進化が続くネット業界の中でも、人々を驚かせる新しいコンテンツを次々と発表されている貴社で、自分の力を試したいと考えて志望しました。
㉚	世の中がいくら電子メディアの時代になろうとも、活字には偉大な力があると信じています。手作りでコツコツと良書を送り出す貴社で仕事がしたいと思い、志望しました。

自覚している性格

①	好奇心旺盛です。好きな音楽についてとことん調べようとアメリカに研究・調査旅行に行くような行動力もあります。
②	自分が間違っていると思ったときは、素直に修正する適応力があります。
③	朝、昼、晩の食事の後には、必ず楽器の練習をします。この集中力で、たくさんの楽器を使いこなせるようになりました。
④	コロナ禍で人に直接会えない辛い時期も、すぐにその中で楽しいことや、自分を成長させることを見つけられるほど、ポジティブです。
⑤	私の長所は、人の意見に徹底的に耳を傾けるところです。
⑥	楽天家で前向きな性格です。ただし、起こったことを教訓化しながら前進する冷静な一面もあります。
⑦	一度取り組んだことに対して、どんなに困難でも挑戦し、やり抜く忍耐力と根性があります。
⑧	私は物事を進めるとき、計画を立てることが好きですし、得意です。また、その計画が実現するまで努力を惜しみません。

⑨	不器用な性格ですが、苦手なことをなんとか克服しようという向上心があります。
⑩	「負けず嫌い」が私の最大の武器です。どんな分野でも、自分なりに納得できるまでやり遂げないと気がすみません。
⑪	人から「周りをなごませる」と言われる柔和な性格です。ただ、与えられた課題や自分がやりたいことに関しては、何があってもやり遂げてしまう情熱的な面も同時に持ち合わせています。
⑫	自分の信念を曲げない強い意志を持っています。ただ、つい意地を張ってしまうことがあるので、周囲の声をじっくり聞くことで克服しようと努力しています。
⑬	バランス感覚に優れていると思います。物事には、常に光と影があることを見抜く能力を持っています。
⑭	私は失敗を繰り返しています。しかし、それは私がいつも行動していることの裏返しだと思います。失敗から学ぶ姿勢を大切に、これからもさまざまなことに挑戦していきたいです。
⑮	私は、人を笑わせるのが得意です。自分のおかしなところを強調してみせて、笑いを誘います。それは、自分自身を客観視できている証拠だと思います。
⑯	私は5人兄弟の長男で、小さいころからまとめ役でした。このため、意見の調整能力にたけています。
⑰	「ネバー・ギブ・アップ」が私の信念です。たとえ、状況が思わしくなくても、最後まであきらめずに突き進むところがあります。
⑱	ひと言で表現するなら「和」です。自己主張は大切だとは思いますが、やはり全体の調和を大事にしたいと考えて行動するタイプです。
⑲	短気・率直・おっちょこちょい・涙もろい。ほとんど江戸っ子気質そのままです。

⑳	お節介。常に人の気持ちが気になるので、つい世話を焼いてしまいます。
㉑	感激家で、人を疑わないところがあります。友人には、それを「脳天気」とからかわれることもあります。
㉒	石橋をたたいて渡らない、というような慎重すぎるところがあります。積極性を身につけるのが課題です。
㉓	陽気で人を集めて何かをするのが好きです。いつも何か行動していないと、気がすまないところがあります。
㉔	理論的。人によっては理屈っぽいと批判されることもありますが、じっくり考えて納得がいけば、即行動に移す積極性もあります。
㉕	探究心が旺盛です。物事をいろいろな角度から調べるのが好きで、粘り強い性格が養われたと思います。
㉖	コーディネーター的性格です。人と人を結びつけたり、企画を実現する橋渡しをするのが得意で、協調性に富んでいます。
㉗	明るく、物事をプラスに考えることができる。つらいことや悲しいことも、これで勉強になったと思える性格です。
㉘	ひょうきん者と言われます。人を楽しませるのが好きで、陽気で行動的な性格です。
㉙	究極の補佐官というあだ名をつけられたことがあるくらい、だれかをサポートするのが得意です。世話好き、人好き、行動好きという性格が、そういう役割で発揮されるのだと思います。
㉚	走りながら考えるというところがあります。行動的で積極性がありますが、反面、慎重さを身につけたいと思っています。

本人希望記入欄

①	大学で学んだ、ビジネスマーケティングを生かせる営業部門を希望します。
②	新しいことを考えるのが好きです。新規事業開発室での仕事に就きたいと考えています。

③	「電子工学」の未来を展望するような仕事をしたいので、開発部門を希望します。
④	私はエンジン音と油のにおいが大好きです。エンジン技術の現場で働ければ幸いです。
⑤	地域に密着した仕事をしたいです。入社当初は、小さな町の支局勤務を希望します。
⑥	現在、ファイナンシャル・プランニング技能士の通信教育を受けています。資格が取得できたら、それを生かせれば幸いです。
⑦	韓国語会話ができるので、将来はソウルなどの支店での勤務に就きたいと思っています。
⑧	中国語を学んでいるので、中国向けのプラント担当部門に配属していただければうれしいです。
⑨	専門学校に通って、校正やレイアウトの基本を学びました。編集の実務で役立てたいと思っています。
⑩	将来は、郷里の札幌支店に勤務したいと思っています。

健康状態

①	テニスで鍛え、心身ともに良好。
②	頑健（ゼミの研究課題に取り組むため、睡眠時間2時間を1週間続けたこともあります）。
③	小児ぜんそくをスポーツで克服し、現在は良好。
④	大変良好です（小・中・高校と皆勤しました）。
⑤	田舎育ちで幼少時は野山を駆け回りました。そのためか病気をしたことがありません。

3章

志望動機の
業界別重要ポイントは
これだ！

■内定につながる書き方 10のポイント
■業界別実例集
　金融機関／メーカー／小売・サービス業
　食品関係／マスコミ／情報・通信・運輸
　教育関係

内定につながる書き方 10のポイント

① その企業との「出会いのドラマ」を探せ！

■企業の「なぜ？」に対して、具体的に答えることがポイント

　どんな業種、どんな企業であろうとも、面接でよく聞かれるのが「なぜ当社を志望したのですか？」という質問です。エントリーシートにも、かなりの割合で、このような志望動機を問う項目が登場してきます。あまりに当たり前の質問なので、ついつい軽視しがちですが、実はこの問いに対する回答ほど難しいものはありません。

　応募者の人生観、人生経験、人生の目標、職業観、生き方、学生生活の様子、長所・短所、モットーなどが、この質問に答えるなかで、明らかにされていくのです。「なぜ、この仕事に就きたいか」に対する回答は、「人生をどう生きたいか」という質問への答えと同じであり、そのために「学生時代に何をしてきたか」を問い直す作業でもあります。

　ただし、難しい質問だからといって、深刻に悩む必要はありません。大切なことは、「なぜ？」に対して「具体的に」回答できるかどうかにあります。この「具体的に」というポイントは、志望動機だけでなく、すべてのことに通じてきます。とても大切なことですから、忘れないようにしてください。

■過去を振り返って接点を探す

　では、志望動機を具体的に説明するにはどうしたらよいのでしょうか。順を追って考えていきましょう。

　まず、「なぜその企業に関心を抱いたか」を考えましょう。志望先の企業をどうやって知ったのか、どこで知ったのか、それをまず考えてみてください。おそらく、きっかけはさまざまで、百人いれば百通りの「きっかけ」があるはずです。そのきっか

応募することになった「きっかけ」を
具体的に説明できるようにしておく

けを具体的に表現してみましょう。「貴社のことはテレビCMで存じております」という回答と、「子どものころ社会科の授業で貴社の○○工場に出かけたことがあります。そのときの印象が忘れられずに…」という回答と、どちらに心をひかれるでしょうか。

　過去を振り返ってみれば、企業との接点はあるはずです。例えば「アルバイト収入が減った学生に対し、貴社が無償提供してくれたお弁当の味が忘れられません。栄養バランスはもとより、献立も飽きないよう工夫がされていて、ゆううつだった生活を彩ってくれました」というように「出会いのドラマ」はあるはずです。志望企業とあなたをつなぐ接点がなかったか、幅広く考えてみてください。

② 自分で見聞きした「印象」を語れ！

　「当社にどんな印象を抱いていますか？」というのも、就職活動ではしばしば登場する質問であり、重要なポイントです。この質問を受けたとき、「大変明るい社風だと感じています」「業界をリードする先駆的な企業だと思います」といった内容しか語れない、書けない、というようでは、企業の担当者を感心させることはできません。

■感じたことを、自分の表現で語ることが大切

　ここでも重要なのは「具体的なエピソードに基づいて印象を語る」ということです。それも、人から聞いたようなイメージではなく、あなた自身が感じて強く心に残ったことを、あなたならではの生き生きとした表現で語ることが大切なのです。

　志望先の企業はどんな社風なのでしょうか。これについては、会社案内やホームページ、新聞報道などで、ある程度は知ることができるかもしれません。しかし、それだけでは世間一般に語られている内容と差は出ないでしょう。あなただけのオリジナルな印象を語るには、「足で稼ぐ」ことです。具体的に語るべきものを持ち合わせていないなら、会社訪問、ＯＢ・ＯＧ訪問、工場見学などをこなしてみましょう。

　次の一文を読んで、参考にしてください。

　「次々と新製品を発表する貴社に以前から関心を持っていましたが、先日、Ｏ
　Ｂ訪問で貴社の○○様にお会いしてお話をうかがったところ、新製品の営業に

かけるパワーと熱意に圧倒されてしまいました。新製品を次々とヒットさせる
貴社はこういう方々に支えられているのだと改めて知り、私もぜひ、その中で
自分を鍛えたいと思った次第です」

　志望先企業の印象が、ＯＢ訪問という体験を通じて具体的に表現できていま
す。これが「**オリジナルな印象**」です。会社訪問やＯＢ・ＯＧ訪問以外にも、
商品を実際に手にしたり、評判を聞いてみたりすることも有効です。遠くから
眺めて印象を語るのではなく、足を使って、できるだけ志望先に接近すること
を心がけましょう。

③ 企業研究を怠るな！

　自分で見聞きした「印象」を語ることの重要性は述べましたが、志望動機を
「印象」＝「企業の見かけ」だけで言い尽くすことはできません。例えば、フ
ァストフード業界に属する企業を志望する場合、どんな事業計画を持っている
のか、中・長期的にはどんな展望を描いているのか、同業他社との違いは何か、
といった企業研究は絶対に欠かせません。

　「貴社が展開するファミリーレストランは雰囲気、接客態度、料理内容がほ
かのチェーンと比べると、群を抜いています」という内容は、足で稼いで語る
ことができますが、この外食産業が今後どんな店舗展開を計画しているのかは、
「企業研究」によって初めて理解できるのです。

　この研究をおろそかにしていると、すでに縮小が決まっている事業部門を持
ち上げてみたり、エントリーシートは突破できても、その後の面接でまともな
回答ができなかったりと、思わぬ結果を招きかねません。

■研究結果の中には、共感を忘れずに書き込む

　企業研究を重ねていくと、経営理念や事業計画に対し、あなたが共感できる
部分も出てくるはずです。その共感を覚えた部分を、自分の生き方やモットー
と重ね合わせて志望動機の中に盛り込むことも効果的でしょう。

　次の例文は、和菓子メーカーを志望する女子学生の文章です。

「学生時代を通じてボランティア活動を続けてきた私は、"人に心を贈る喜び"
　を経営理念に掲げた貴社の姿勢に、共感を覚えました。ボランティアの基本は、

相手と気持ちを通わせ、"ありがとう"と言ってもらうことです。私は貴社の店舗をよく利用しますが、社員の方々は本当に親身になって接客をしてくださいます。貴社が急成長を続けているのも、社員の方々が、単に商品を売るだけでなく、お客さまと気持ちを通い合わせているからだと思います。あのすがすがしい店舗で、私も心を贈るお手伝いをしたいと切望しております」

自分のボランティア体験と経営理念、足で稼いだ印象、この3つを上手に組み合わせています。

経営理念だけでなく、企業の経営方針や新しい取り組みをさらに専門的に研究し、志望動機の中に書き加えることも可能です。ただし、いずれも研究結果を羅列するだけでなく、どの部分に共鳴したかきちんと書くことを忘れないようにしてください。

④ 自分の体験や考えと企業との接点を探せ！

たとえどんなに有名企業・大企業であっても、自分自身の経験や生き方と、企業の理念やめざす方向とが食い違っていれば、「なぜ当社を志望するのか」という問いかけから大きく逸脱することになりかねません。

ここで問われるのは①でいう「出会い」ではなく、**あなた自身の職業観や人生観、体験と、企業とのつながり**です。自分は何を目標に生活してきたか、働くことはどういうことだと思っているか、仕事を通じてどんな人間になりたいのかということです。こういった点に対し、エントリーシートできちんと回答できれば、格段に充実した内容になるのは間違いありません。

■無理なく志望動機が書けるジャンルこそ最適の職場

例えば、あなたが海外旅行に何度も出かけた経験から「おいしいものに国境はない。多くの人においしいものを食べる喜びを知ってほしい」と考えているとしましょう。そういう発想は、食品メーカーや商社の志望動機として何の違和感もありません。学生時代に音楽活動にのめり込み、質のいい音を

自分の体験や考えと企業との接点を見つける

追求していたあなたが、音響機器メーカーを志望していれば、これもぴったりとフィットした志望動機が書けることでしょう。

　逆の発想として、まだ志望する業界や分野を決めていない場合には、そうした自分の興味・関心を掘り下げていって、このジャンルのこの企業なら無理なく志望動機が書けそうだ、というところこそが、あなたにとって最適な職場である可能性も高いのです。

■いろいろな角度から接点を探そう

　このように、体験や興味・関心を通じた「接点」がはっきりしている場合は比較的容易ですが、具体的な体験が思い浮かばない場合には、少し頭を柔らかくして考える必要があります。あなた自身と志望企業との「接点」を、正攻法だけでなく、いろいろな角度から眺めてみましょう。例えば、ふだんスマートフォンの機能を活用している人なら、

> 「私たちの日常生活をより便利に、楽しくするための技術開発に積極的な姿勢に共感を覚えました」

父親が転勤族だったために、何度も転居して、住む家が変わったという体験を持っているなら、

> 「お客さまが日本中どこへ行っても、満足して生活できるためのお手伝いをしたいと考えて、住宅業界ナンバー１の貴社を志望しました」

などのように、バリエーションを思いつくでしょう。

⑤　その企業で何ができるかを語れ！

　ここでのポイントは「自分の売り物は何か」「その売り物は企業のどんな部分で、どのように発揮することができるのか」を記述することにあります。

　志望動機は本来、「Ａ社に入れば、私の○○な長所と能力が生かせる」という売り込みを主軸にすべきなのですが、「動機」に力点をおくあまり、ついつい「売り込み」がおろそかになりがちですから注意しましょう。

■企業で役立つ自分の能力を最大限にアピールする

　ここでいう「売り物」は、④で説明した「接点」とは、若干ニュアンスが異

なります。

　前項のポイントは「考え方」や「体験」であるのに対し、ここで重視される
のは、あなたの持つ「能力」です。語学力やパソコン技能といった実用的なも
のから、リーダーシップ、積極性、粘り強さ、冷静さ、協調性といった「社会
人基礎力」、さらには、明るさや優しさといった「人柄」まで、相当広い範囲
のものが含まれていると考えてください。特別な資格を持っている場合は、そ
れを強調して書くことも効果的です。

　注意すべき点は、「売り物」を単に羅列するだけでなく、その能力を企業で
どういうふうに役立てることができるのかを、関連づけて表現することです。

■セールスポイントはわかりやすく書く

　次の2つの文章は、「チャレンジ精神」をセールスポイントにした例文です。

> A　「私は未知のことに挑戦することを何よりも重視する性格です。このチ
> 　　ャレンジ精神は、学生時代のサークル活動でも存分に発揮してきまし
> 　　た。貴社においても、このチャレンジ精神は間違いなく役立つと確信
> 　　しております」
> B　「オンライン留学で、世界各国の留学生と語り合い、また外国人留学生
> 　　への実際のボランティア活動を通じて、文化の異なる人とも必ず理解
> 　　し合えるという自信がつきました。この自信は、積極的な海外展開を
> 　　続ける貴社でこそ、きっと役立てることができると確信しています」

　この2つの文章では、明らかにB
さんのほうが優れています。

　なぜなら、Aさんは、最も重要な
自分の売り物（＝セールスポイント）
についての記述があいまいになって
しまっているからです。

　「未知のことに挑戦する」「チャレ
ンジ精神」といった言葉は、具体的
なエピソードを伴わないと抽象的で
迫力がありません。

具体例を伴わない言葉には迫力がない

一方のＢさんは、「異文化に飛び込む自信」「文化の異なる人とでも理解し合える自信」という２つが明確で、なおかつ「積極的な海外展開」との結びつきも上手にまとめてあります。**「具体的に、わかりやすく書く」**、これが最も重要なポイントです。

⑥ やりたい仕事は何かを明確に！

その企業を志望する以上、会社に入ってどんな仕事をしたいのかを具体的に説明することが必要です。

ただし、学生の場合は実際の仕事内容については詳しくわからないのですから、知ったかぶりをした記述にならないように注意しましょう。具体的な仕事に言及するよりも、仕事に賭ける意気込み、発想の豊かさなどを示すことに重点をおき、**「やる気と情熱だけは、だれにも負けない」**というアピールをすることです。

まず、次の２つの文章を読んでみましょう。前者は建設会社志望、後者は衣料品小売業志望のそれぞれ男子学生が「志望動機」に書いた一文です。

> Ａ 「建設会社の仕事は『新しい地図を作ることだ』とよく言われます。私も将来は自分の手で設計図を書き、現場に足を運んで自分の手で形にしてみたいと希望しています。その希望がかなうならば、全国どこでも飛んで行き、下積みをしながら勉強を重ねたいと思っています」
>
> Ｂ 「店長になって、自分の店から新しいトレンドを発信したいと考えています。貴社では仕入れや店のレイアウトなど、店長に大きな権限を与えています。リサーチをしっかり実施し、若者のトレンドの一歩先を行く店作りを目標におき、店長として自分の責任と判断で、1から10まですべての仕事を手がけたいと思います」

いかがでしょうか？

この２つの文章は意気込み、仕事の具体性が十分に盛り込まれており、企業の担当者を納得させることができるでしょう。

■自分がやりたい職種以外への配慮も必要

やりたい職種を書くうえで注意すべきことは、数多くの職種が同居する企業の場合、ほかの職種への配慮を忘れないことです。

総合職と一般職のどちらを希望するか問われる場合もありますが、総合職をめざすからといって、そちらを強調するあまりに、一般職を下に見たような比較をしないように気をつけてください。

また、チームで行う仕事、例えば、飛行機の客室乗務員をめざしている場合は、自分がなりたい客室乗務員に関する記述だけでなく、整備や運航管理などの職種に対しても「地上職の方々と一体感をもって」「空を愛する者同士が信頼し合ってこそ、最高のサービスが提供できる」などのように、全体に対して目配りしていることを感じさせるひと言を添えておきましょう。そうした配慮が、あなたの人柄に対する評価を高めてくれるはずです。

7　めざす人間像を描こう！

企業は、事業を興して成功させ、売り上げを伸ばし、利益をあげることを目標に活動しています。そこで働く人々も、会社の利益や発展を第一に考えて仕事をしています。

あなたも、まずは**「どんな企業人をめざすか」**という目標を立て、それをきちんと書けるようにしておきましょう。そのためには、積極的にOB・OG訪問をして実際の企業人を観察することが一番です。できれば、入社したての先輩から、5年勤続、10年以上勤続している大先輩というように、同じ企業でも複数の先輩を訪ねるようにすると得るところは大きいはずです。

■仕事への真剣な姿勢をアピールする

さて、実際の記述になると、いちばん多い（すなわち、最も平凡なタイプ）のは「仕事を通じて私自身も成長していきたい」といった内容ですが、これでは多数の応募者の中で目立つことは不可能です。全体的に、仕事に対する真剣な姿勢が感じられるような文章をめざしましょう。

「自分の意見はきちんと伝えるが、相手の意見も尊重することを、チームで働くために心がけます」

「まず"聞き上手"になること。営業職1年目はこの課題の達成をめざし、お客さまの声に耳を傾けます」

「同僚に信頼される社員になるために、自分で決めた目標に向かって努力を続けていきます」

こういった内容を書くことができれば、数多くのエントリーシートを読む担当試験官を「おやっ？」と思わせることができるでしょう。

■客とのかかわり方で人間性をアピールする

さらに内容を充実させようと思う場合は「ほかの人とのかかわり」を強調するのがコツです。営業職やサービス業なら、「客」との関係です。

住宅会社は、「お客さまと一緒に夢を形に変えていくのが仕事」とよくいわれます。ほかにも、夢を売る仕事、お客さまの笑顔が喜び、荷物ではなく真心を運ぶ、お客さま第一主義を貫く、クレームはどんな小さなものでも放置しない、などの例が「客」とのかかわりであり、それを強調することによって、あなたの幅の広さを示すことが可能になります。

さらに地域社会やお年寄り、子どもたち、環境問題など社会全体との関係を示し、仕事を通じた「社会貢献」を強調することも有効です。

8 どうしてもこの会社で働きたい！

志望動機で最も大切なことは「熱意」です。どんなに立派な企業研究ができていても、やりたい仕事がきちんと書かれていても、「熱意」を感じられないエントリーシートは、それだけで失格です。

■A社でなければならない理由が大切

幸運にも、面接までこぎ着けたとしましょう。試験官に、「ほかの会社は受けていますか？」と聞かれた場合、「御社しか受験していません」というわけにはいかないでしょう。当然、B社やC社も受けていることを話すはずです。

そのときに、「確かに、他社も受験してはいるけれど、どうしても入社したいのは、A社なのだ」というアピールをしなくてはなりません。その場面を想定して、エントリーシートにも反映させてください。「A社でなければならない理由」、それはあなたにしか示すことができない「熱意」なのです。

「同業他社のB社やC社でなく、どうしてもA社に入りたい！」。その気持ちがないと、志望動機の欄は気が抜けたような内容になってしまうでしょう。業界ごとの志望動機であれば、おそらくだれもがある程度は書けるはずです。しかし、だれでも書けるということは、ほとんど差がつかないのと同じ意味です。しかも業界ごとの志望動機はあくまで業界ごとの話であり、A社に対する固有の志望動機ではありません。

多くの民間企業は、同業のライバル会社と激しい競争を続けています。そうした最中に、「どうしてもA社でなければならない理由」をきちんと書けるかどうかは、非常に重要なポイントになります。

■「○○だから貴社なのだ！」という具体性が重要

では、どうすればこのポイントをクリアできるのでしょうか。

まず、①～⑦までのポイントごとに、A社を志望する理由を考えてみてください。特定の企業を熱望する理由は、まさに人それぞれ違うわけですが、①～⑦までのポイントのどこかで、熱望の理由を当てはめることができるはずです。

この熱意を伝える場合にも、その企業についての事前研究が最も重要なポイントになるのはいうまでもありません。そして、具体的エピソードを用いることを忘れないようにしましょう。「だから、貴社なのだ！」という説得力は、具体性から発するものです。その「だから」を、じっくりと吟味して考えてください。

⑨ 情に訴えるというウラ技もある

①～⑦までの項目で、志望動機を考えてみたけれど、どうも今ひとつピンとくるものが書けない、どうしても平凡になってしまうという場合もあるでしょう。そんな場合、感情に訴えるという手法もあります。もちろん、学生らしいストレートな書き方は好感を持たれるものですが、どんな人でも義理人情には弱いものなので、**いや味にならない程度に情に訴えることも効果をあげること**があります。

■身内の話から、志望動機に結びつくものを探す

最も一般的なスタイルは、家族の話を引き合いに出すことで、例えば、次のような文になります。

「私の祖父は、小さな電器店を営んでいました。幼い私が遊びに行くと、お店の中の商品を手によく話をしてくれました。その話の中で、私の心に残っているのは、貴社の創立者が発明したふた股ソケットの話です。

　隣に住んでいる親子が、１つの電灯を奪い合って自分のほうをもっと明るく照らそうとしているいさかいを聞いて、ふた股ソケットを思いつかれたということでした。貴社の商品作りの原点が、ここにあるのではないでしょうか。本当に人に役立つ商品を作りだし、提供していこうという姿勢、私はぜひそんな企業の一員として働きたいと思い、応募したのです」

　上記の文にある電器店の祖父のように、銀行員の叔父、酪農家の親戚、旅館経営の伯母など、身内を引き合いに出して、間近に見たその具体的な体験を、受験する企業の職種と結びつけて、「だから貴社に！」という結論を出すわけです。

身内の話を上手に利用して
志望動機に結びつける

　この場合に注意したいのは、身内の話だけに終始してしまわないことです。それでは単なる作文で終わってしまいます。

　きちんと企業研究をしておいて、**その企業の「ここが一番！」というセールスポイントと、上手にオーバーラップさせる**ことです。そういう体験があり、そうした身内のストーリーがあるからこそ、このような事業で営々と社会に貢献し続けている貴社でその仕事に携わりたいのだ、と順を追って述べることで、説得力が増します。

　受験する企業が決まったら、遠い親戚まで範囲を広げて、志望動機に結びつけられそうなストーリーがないかどうか、祖父母や両親に取材してみるのもよいでしょう。親戚がその企業の経営者と同級生だった、などという意外な事実が隠れているかもしれません。

🔟 その企業を否定・批判するところからスタートする手もある

　最後の手段としては、かなり危険な方法ではありますが、その企業の弱点の

指摘から始めるというスタイルもあります。

　要するに、今は多くの問題があるが、自分はそこに可能性を感じて応募している、と主張するわけです。また、「会社訪問の際の印象は世間の風評とはまったく異なっていた。現在の状況をなんとか変えよう、新たに出発しよう、そういう意欲的な気持ちが社内にあふれていた」と述べるのも、アピール力があるでしょう。

　また、若者らしい生意気さでアピールするという考え方もあります。「すでに成熟しきった大企業には魅力を感じない。これから、自分たちの力で、どんどんよくなっていく、発展させられるという期待を抱けるから貴社に魅力を感じる」という論法です。

　次のような例があります。

> A 「私たちの毎日を支えている鉄道業ですが、それだけに不満も多くあります。ＩＣカード乗車券の導入などで、確かに便利になってきました。しかし、通勤・通学ラッシュはまったく緩和されていませんし、列車の遅延も日常的です。利用客の安全を第一にしながら、より快適な通勤・通学手段にすること。そこに自分の情熱を注ぎたいと思っています」
>
> B 「企業としての信頼を失ったのは事実です。しかし、とことん地に落ちれば、後は浮かび上がるだけではありませんか。信頼を回復して、さらに躍進するために、自分が貴社の一員として貢献できれば、どれほどやりがいがあるでしょう」
>
> C 「近年、雑誌の売り上げは下降する一方です。貴社の〇〇誌も例外ではありません。その原因は、読者のニーズを把握できていないことにあるのではないでしょうか。今こそ、読者の目線での企画、読者と近い感覚を持った編集者が望まれています。〇〇誌を100万部を突破する雑誌にするため、ぜひ貴社で編集者として働きたいと応募しました」

　生意気、頭でっかちという評価で、すぐにははねられる可能性も大ですが、今どきの優等生じみた記述の中では、「ふ〜ん」と思ってもらえる場合もあり得ます。イチかバチかの賭けになりますが、現状の改革に意欲的な企業などでは試してみてもよいかもしれません。

金融機関 [銀行・保険・証券など]

銀行

　スーパーマーケットでアルバイトし、真のサービスとは何かを考えて実行しました。その週の特売品が何かを大きな表にして掲示したり、高齢のお客さまに目を配って、高い棚にあるものをお取りしたりしました。<u>お客さまから「ありがとう」ということばをいただくことが、何よりも大きな喜びでした。</u>

　この経験から、多くの人の役に立ち、感謝される仕事をしたいと思い、銀行を志望しました。<u>大企業と中小企業、収入の多い少ないにかかわらず、日本全体が豊かになり、皆が安心して暮らせるための真のサービスを提供する業務に、自分の力を注ぎたいと考えています。</u>

生命保険会社①

　私は大学で遺伝子工学を学びました。ヒトゲノムの解析も完了し、病気の診断や治療に大きな進歩が期待できるでしょう。プライバシー保護の問題など、<u>クリアすべき課題は山積していますが、iPS細胞の研究がさらに進めば、難病の治療にも成果が期待でき、人類の幸福につながるものと信じています。</u>

　病気のリスクと保険料負担の関係は、今後の生命保険業界の<u>課題になってくると思います。私はこの課題に挑戦し、新しい商品開発のお役に立ちたいと考えています。</u>

生命保険会社②

超高齢社会対策としての個人年金保険に興味があり、応募しました。公的年金制度に関するさまざまな問題点を知り、老後の生活に十分な保障を得るためには、公的年金以外に新たな仕組みを作らなければならない、と考えるようになりました。

貴社はとくにこの分野に強く、確定拠出年金制度に力を入れているとお聞きしました。転職などのライフプランの変化にも対応しながら資産運用ができ、老後にも備えられる年金保険をお客さまに提案する仕事に、大きな魅力を感じています。

生命保険会社③

何といっても生命保険会社のいちばんの魅力は、実際にお客さまと触れ合い、地域に根ざした営業活動を行えることです。このため、私はとくにリテール部門で、実際にお客さまの生活に接しながら、face to faceの営業活動を通じて、一緒に豊かな人生設計を考えていきたいと思っています。

両親の入っている生命保険の書類を見たときに、内容をすべて理解するにはかなりの時間が必要だと感じました。以前に生命保険業界で保険金不払いが問題になったのも、契約内容を示す書類がわかりにくかったことが原因だと思います。入社後はまず契約内容をお客さまに説明する活動にかかわり、商品知識を完全に身につけることを目標にします。将来は、お客さまにわかりやすい書類作りを追求したいと考えています。

証券会社

　大学で経済学を広く深く学んだことで、世界経済の動向を身近に感じられる証券業界に強い興味を持つようになり、貴社のインターンシップに参加させていただきました。そして、法人向けの業務を行う、ホールセール部門にやりがいを感じるようになりました。

　企業の業績悪化や倒産によって、仕事を失う人が増えているというニュースを聞くたびに、危機にある企業を再生し、発展させるために何か提案ができないだろうかと考えています。M＆Aアドバイザリー業務で、お客さまの満足度ナンバーワンをめざします。

損害保険会社

　私は、大学に入ってから自分で車を運転するようになり、自動車保険に興味を持ちました。契約更新時には、インターネット査定で各社の保険料を比較してみたこともあります。

　自動車保険は、損害保険会社の主力商品となっています。しかし、首都圏直下型地震の危険が現実化しているため、今後は地震保険への関心がますます高まると考えられます。自動車保険についても、補償される自然災害の対象に地震や津波などを含める必要性が出てくるのではないでしょうか。

これからの損害保険は、より確実な補償でお客さまのニーズにこたえていく必要があると思います。

　業界ナンバーワンの貴社で、日本での安全な暮らしを強力にサポートする保険商品を開発したいと考えて、応募しました。

クレジットカード会社

　私は親と話し合った結果、まだ自分のクレジットカードを作っていません。しかし、十二分にクレジットカードの恩恵にはあずかっています。それは、母がクレジットカードを最大限に活用しているからです。

　何枚かのカードを目的別に使い分けて家計管理に役立てたり、ポイントを貯めて買い物を楽しんだりしています。

　クレジットカードの種類は年々増え、量販店のポイントカードにも、クレジット機能つきのものが増えてきました。しかし、うまく使いこなしていない人も、まだ多いようです。もっと広告や宣伝を工夫して、カードの魅力を伝えたいと考えています。

　また、フィッシング対策など、セキュリティ面にはまだ課題があります。オンラインショッピングなどでクレジットカードを利用する人は、さらに増えるでしょう。より多くの人が安心してカードを利用できるように、尽力したいと思います。

Advice　　　ここに気をつけよう！

- ●金融業界は買収や合併をくり返して、社名もたびたび変わった。業界再編の流れを基礎知識として踏まえ、自分が何をやりたいのか、何ができるのか、多少は経済的な知識を盛り込みながらアピールする必要がある。
- ●業界・企業研究をみっちりやることと、新聞の経済欄を意識して読むことを心がけよう。

メーカー[自動車・繊維・製薬・建設・家電製品など]

自動車メーカー

　貴社のフロンティア精神に強くひかれています。過去には、環境に配慮した高性能エンジンの他社に先駆けた開発、その後も機能性とデザインなどをうまく融合させた新車種の相次ぐ発売と、貴社の先進性、斬新なアイデアには常に驚かされてきました。

　独創性を重んじる米国などで高く評価されているのもうなずけます。父が車を購入する際、他社に決めかけていたのを説得し、貴社の車にさせました。貴社の車のアピールポイントは社員の皆さんに負けないぐらいよく理解しています。

繊維メーカー

　人間の生活に欠かせない「衣食住」のうち、私は「住」にこだわった仕事をしたいと思っています。例えばカーテンやじゅうたんです。これらは、住環境を整えるという機能的な役割を果たすと同時に、デザインや色などを工夫することで生活にうるおいを与えるものになります。

　私は大学の芸術学部で「織」を学んできました。糸をつむぐことから始めて、染色、織りとすべて手作業で行いました。伝統的な作業による作品は一種の自己表現です。その作品でどう人の心をひきつけるかが今の私の課題です。

　貴社は、化繊だけでなくプラスチックなどの化学製品や食材まで、生活用品全般にフィールドを広げています。このように意欲的な会社にもかかわらず、いや、そうだからこそ伝統的な

ものを大切にされていると伺っています。私が学んできたものを、より生活を豊かにする製品作りに生かしたい。これが貴社を志望する理由です。

製薬会社

　そもそもは薬剤師をめざして薬学部に進んだ私ですが、現在は薬の開発に携わる技術者を志しています。

　大学で学ぶなかで驚いたのは、薬は思った以上に副反応の危険が大きいこと、またそれによる薬害が今も絶えないという現実です。そこで、人間に本来備わっている自然治癒力を助ける薬の開発に目が向き、とくに漢方薬に興味を持ちました。いち早く漢方薬の効用に気づき、西洋薬学との融合に取り組んでいる貴社で、安全性の高い薬作りをめざしたいと考え、志望しました。

Advice　　　　　ここに気をつけよう！

- ●メーカーの場合、営業職を希望するか、研究開発職を希望するかで、異なったエントリーシートに記入するシステムを採用している企業が多い。
- ●専門性が高いのは研究開発職で、卒業論文のテーマや内容などについて、かなり詳しい記述を求めるところもある。自分が大学で学んだことが、その部門で生かせる場合には、積極的に志望動機にも、その内容を盛り込んでいくようにする。
- ●営業職を希望する場合には、メーカーといっても一般的な文章でやる気をアピールすることに変わりないが、その企業の研究をしっかり行い、貴社の製品だから世界に営業していきたいと思っているのだ、という根拠を明示する必要がある。とくに、ライバル企業との比較研究を行い、その企業ならではの特徴に言及するように表現すると評価が高い。
- ●近年の新型コロナ流行を背景に製薬業界を志望する人はいると思うが、「新型コロナをきっかけとして健康の重要性を理解した」などの動機はだれでも思いつくこと。志望企業がワクチンや抗ウイルス薬などを扱っているかといった企業調査など、具体的な考えをリンクさせることが重要である。

建設会社

公共事業に対する税金の使い方は、たびたび批判の的となりました。しかし、公共事業のすべてを悪と決めつけるのは早計です。

 私の祖父母の住む村は、過疎化が進んでいましたが、新しい道路の建設によって交通の便がよくなり、観光地として再出発しようとしています。

 貴社は地方自治体からの発注を受け、地域密着型の公共事業に携わっています。私は「市民生活を豊かに」という視点を持って、自治体に逆提案する営業をめざしたいと考えています。

ディベロッパー（不動産会社）

 私は町を歩くのが趣味で、いろいろな都市を回りました。例えば、金沢、高山などをめぐり、伝統的町並みや歴史的建造物を見学したり、東武東上線沿線の常盤台を見て、戦前の理念を持った都市計画を知ったり、多摩ニュータウンを歩いて新しい町並みと自然との関わりを学んだりしてきました。

そのような自分の興味を考えたときに、宅地造成や都市再開発などの分野で幅広い活動をしている貴社に、自分自身を生かせる仕事のフィールドがあるのではないかと考えました。単に個々の建築物を建てるだけではなくて、周りとの調和を考えたトータルな町作りに参加できれば幸せだと考えています。

Advice　　　　　　　　　　ここに気をつけよう！

●専攻した分野が、メーカーでの仕事に直結しそうにない場合は、選択科目で履修した授業で、関連性のあるものに言及する。または、ダブルスクール（専門学校や放送大学なども含めて）で学んだ、などの裏付けがあると、さらによい。

家電製品メーカー

 　私は、家電製品のカタログを見るのが大好きです。ほとんど<u>の家電製品の性能を、カタログから読み取れます。</u>

　例えば、薄型テレビの仕様、ブルーレイディスクレコーダーのハードディスク容量。これらの数値と性能の関係が頭にインプットされていて、その製品がどの程度のものか、また価格との合理性はどうかが瞬時に判断できます。<u>これは貴社のように</u>

 <u>家電製品全般を製造、販売する会社で営業職に就くにあたって、大きな武器になると自負しています。</u>

石油会社

　原子力発電所の安全性が問題になってから、日常生活で電気のむだづかいをしないように心がけるようになりました。それと同時に、未来のエネルギーはどうあるべきかについても、興味を持ち始めました。

 　貴社では、<u>新しいエネルギーの研究開発にも取り組んでいると伺っています。なかでも、水素と酸素からつくる燃料電池には、大きな可能性を感じます。石油業界をリードする技術力を誇る貴社だからこそ、石油やガソリンを超えるエネルギーを生み出して、環境保護や多くの人の衣食住に貢献できると思い、志望しました。</u>

Advice　　　　　　　　　ここに気をつけよう！

●志望動機に、具体性をどうやって盛り込むかは、大きなポイント。貴社でやりがいのある仕事ができそうというだけではダメ。これこれのバックグラウンドがあって、だからこそ、貴社でこういう仕事をしたいと考えているのです、という具合に因果関係を明確にして表現する。自分の生活や性格にできるだけ引き寄せて書くようにするのがコツ。

小売・サービス業 [百貨店・アパレル・
旅行代理店・ホテルなど]

百貨店①

　百貨店の競争相手として、安くても良質の商品を扱う専門店が、いくつも現れています。同年代の友人と話しても、「流行の物は安いほうがよい」「ブランド品には興味がない」という人が増えています。

　そんなお客さまの心をつかむには、百貨店も変わらなければなりません。だれもがあこがれる高級で上品なイメージを保ちつつ、お客さまの喜ぶ新たなサービスを考える必要があるのではないでしょうか。

　私は、大学のゼミでマーケティングを学び、消費者の気持ちをつかむにはどうすべきかを常に考えてきました。貴社で、新たな百貨店作りのアイデアにつなげたいと思います。

百貨店②

　小さいころから、休日のお出かけというとこちらの百貨店に来ることでした。おしゃれをして両親や弟と手をつないで、ちょっとドキドキしながら入口を入ると、ピシッと制服を着たお姉さんが「いらっしゃいませ」と言ってくれました。もうそれだけで、お姫様気分になれました。

　いつも何かを買ってもらえたわけではありません。しかし、きれいにディスプレイされた洋服売り場や、バッグ売り場などを眺め、おもちゃ売り場で楽しみ、屋内のプレイルームで遊んだあと、街が見渡せるレストランでお子様ランチを食べること

が、とても幸せでした。

　帰り道には、疲れて父の背中で眠ってしまいましたが、いつも楽しい夢を見ていたような気がします。そのころから「大きくなったら何になりたい？」と聞かれると「デパートのお姉さん」と答えていました。私が小さいころから味わってきた「家族そろって休日のお出かけ」の幸せな気持ちを、サポートする側に回れたら、と思っています。

アパレル産業

　私は、「ファッション」という言葉とはとても無縁な田舎育ちです。そんな私が貴社に入社したいと思ったのは、ひと言で言えば「憧れ」からです。

　大学入学で初めて都会に出て、街をさっそうと歩く人たちのセンスのよさに圧倒されました。初めは自分の地味でさえない服装が恥ずかしく、外出するのが怖いとさえ感じました。しだいにウインドーショッピングを楽しめるようになり、自分の好みのスタイルも見つかりました。それが貴社のブランドです。ファッションを専門に勉強したわけではないので詳しいことはわかりませんが、落ち着いた色使いとシンプルなデザインに、とても心がひかれました。

　就職活動を始めるとき、思い切って貴社のスーツを購入しました。決して安い買い物ではありませんでしたが、袖を通したとき、とても幸せで満足でした。1着の服が人をこんな気分にさせるのか、と感動し、この喜びを少しでも多くの人に伝えたくて、貴社を志望いたしました。

輸入代理店

　　学業のかたわら、ギターを抱えてあちこちのステージで演奏してきました。多少のギャランティーをいただくこともしばしばあります。コンピューターで作る音楽もいいですが、この時代にあえて生のサウンドを、という気持ちで演奏しています。

　　米国M社のギターが好きです。迫力のある低音域、シャープな中音域、艶やかな高音域、バランスの取れた最高のギターです。ぬくもりのある生の音とM社のギターを心から愛する日本の人たちに、貴社の一員として、本物を提供する仕事をしたいと思っています。

旅行代理店

　　「観光客が行かないスポット」をテーマに、私は大学1年のときを中心にアジアやヨーロッパの国々を旅してきました。そのほとんどが一人旅で、地図を片手に、現地で興味をそそられた場所を歩きました。

　　しかし、私のように気ままな一人旅を好む人がいる一方で、グループ行動が中心のパック旅行のほうが安心という人もいるでしょう。時間や予算などの都合も、人によってさまざまだと思います。

　　以前よりも海外に行きにくくなっている今こそ一人ひとりのお客さまの夢と希望をかなえるパック旅行をいろいろ企画したい――貴社のような若い旅行会社で、この私の熱意を実現させたいと考えています。

航空会社（客室乗務員）

　航空業界は、格安航空会社の登場で各社の競争がさらに激しくなっています。これは、利用者にとっては歓迎すべきことです。

「安かろう悪かろう」のサービスは、航空業界にあってはならないと考えます。航空会社の最大のサービスはお客さまへ「安全」を提供することです。これがおろそかにされれば、命にかかわります。

　客室乗務員は、航空法で「保安要員」とされています。2024年1月の旅客機と海上保安庁の航空機の事故の際、旅客機からの乗客全員脱出は世界から称賛されました。責任感の強い私にとってはやりがいのある仕事だと考え、志望しました。

ホテル

　日本のホテル業界は、外資系ホテルとの競争はますます激しくなっています。今後は新たなお客様の獲得に向けて、設備のリニューアルや、独自の宿泊プランの企画に力を入れる必要があります。また、ホテル業の基本である宿泊客へのサービスについても、より高いレベルをめざすことを忘れてはいけません。

　私は大学入学以来ずっと、病院の窓口のアルバイトを続けています。そこで心がけているのは、病気で苦しんでいる患者さんの心を明るくするということです。その最大の「武器」が心からの笑顔です。この気持ちを忘れず、貴社でお客様と接していきたいと熱望しています。

Advice　　　　　　ここに気をつけよう！

●サービス業を志望する場合は、自分自身がサービス精神にあふれている人柄であることをアピールする必要がある。奉仕することが得意である、人の喜ぶ顔を見るのが好き、チームプレーが得意、和を重んじる、などの性格がにじみ出てくるような表現・エピソードを工夫してみよう。

介護サービス会社

　人とふれあう仕事に就きたい——高校生のころからこう考え、大学も社会福祉学部に進みました。高齢化がますます進もうとしているのに、介護サービスはまだまだ遅れていることを講義やゼミ、実習などで実感しました。

　私は、現場で実際に高齢者介護に携わりたいと考えています。さらに増えるであろう認知症の高齢者への対応に力を入れ、介護サービスの量も質も向上させる必要があると思います。また、コロナ禍以降も一部施設ではご家族とも気軽に会えなくなり、寂しさを感じている高齢者を支えたいとも考えるようになりました。地域に密着した介護サービスを展開して10余年の歴史を持つ貴社でその夢を実現したいと考えています。

介護関連事業

　私の祖母は、長年母の介護を受けていました。母も祖母も、お互いに対する思いやりを常に持っていたので、祖母には幸せな晩年だったと思います。

　私は、そんな光景をずっと見ていて、漠然と介護に関する仕事ができればいい、と思っていました。大学は介護と直接かかわりのない学科に進みましたが、私はあきらめず、いろいろな方法で企業情報を得て、貴社が医療機器、なかでも介護に関する機器の開発に力を入れていることを知りました。自分の体験を生かし、介護する人やされる人の負担を、少しでも軽減できる機器の開発に貢献できればと思い、応募しました。

葬儀社

 私は、大学の社会学部のゼミで「尊厳死」について研究し、学生同士で討論したり、高齢者への聞き取り調査を行ってきました。主に医療分野における問題ですが、きわめて哲学的なテーマでもあります。

「人生をいかに生きるか」と同時に、「いかに死ぬか」ということに人々の関心が集まっているのを実感しました。葬儀でも、その人の生き方を、人生の最後の儀式にどう表すかを考える人が増えています。

 貴社はこうしたニーズを受け、形式にとらわれない葬儀を企画・提案しています。尊厳ある死を演出する仕事に、私自身も参加したいと考えています。

 ここに気をつけよう！

- ●超高齢社会に突入した日本では、急速に高齢者人口が増加している。それに伴って、当然介護が必要な人も増えていくだろう。介護サービス事業は、今後いっそう成長していくと予測される。何年もそのような事業を展開している企業はすでにある程度の実績をあげているが、なかにはまだスタートしたばかりで、試行錯誤している企業も少なくない。すでに本業では実績のある企業が、別部門や子会社方式で、介護サービス事業に参入してくるケースも出てきている。
- ●志望する人は、そうした企業・業界の背景をよく研究して、先見性やフロンティア精神に共鳴したという書き方もできる。
- ●左記の文例のように、自分自身の見聞きした体験からの志望動機もインパクトがある。
- ●どちらにしても、ぜひこの業界、そしてその中でもこんな事業内容（具体的な企業研究をアピール）を展開している貴社で働きたい、という点を押さえるようにする。
- ●葬儀関連ビジネスも急成長しつつある。葬儀に対する日本人の感性も変化しつつあるので、今後注目の業界といえる。
- ●落ちついた誠実な人柄であり、なおかつ斬新なアイデアが出せる人材が望まれるため、真面目でしかも温かい人柄を前面に出した記述を心がけよう。

食品関係[食品・外食・飲料]

食品会社①

　私は、食品という分野は人間が生きていくうえで、いつの時代でも、どこの国でも、絶対に必要な基本的な業種だと考えて、食品関係の業界を選びました。

　そのなかで貴社を選んだのは、主力商品が小麦粉だからです。私は一人暮らしをしていますが、アルバイト代が入る前でお米が買えないときは、小麦粉を活用しています。すいとんやお好み焼き、おやつのクッキーと、小麦粉さえあれば、何でも作れます。日本人の主食は、もう米一辺倒ではありません。もし何かの事情で米が手に入らなくなっても、小麦粉があれば困ることはないでしょう。

　私は貴社に入り、これからの日本人の食生活を支える、小麦粉を原料とする製品の開発の仕事に携わりたいと考えています。

食品会社②

　「おいしいものを安全に食べたい」。これは、世の中の消費者の変わらぬ願いではないでしょうか。消費期限や産地の偽装、食品添加物の問題など、食品の安全性に対する消費者の目は、厳しくなる一方です。

　貴社は有機農法や無添加の食品に力を入れるなど、消費者の立場に立って食を提供しようという姿勢が印象的です。

　私は大学で、細菌学を専攻してきました。細菌を発生させない保存技術の研究を進め、「安全でおいしい」食品を提供する仕事にひと役買いたいと考えています。

食品会社③

　私は、ずっと貴社の食品を食べて育ちました。かつて食品の安全性にかかわる事件があったときも、私の母は貴社の製品を買うことをためらいませんでした。あの長年変わらないパッケージは、わが家にとって「信頼」そのものだったのです。

　貴社は社内が一丸となってあの苦境を乗り越え、高品質の製品を市場に送り出し続けています。私もぜひ伝統ある貴社の一員になって、おいしくて安全な製品を提供することに尽力したいと思い、志望しました。

Advice　　　　ここに気をつけよう！

- ●食品関係の企業の場合は、「食」に対しての自分のスタンスだけでなく、その会社の製品について、競合他社との比較ができるくらいに詳しく研究した成果を記述につなげたいところ。
- ●ただその製品が好きだというだけでは、平凡なものになってしまうので、その特徴や強みに言及して、より具体的な志望動機に仕上げるようにしよう。
- ●逆に、その商品はここが弱いと思うという指摘をしたうえで、いかにプラスイメージを構築していくか、商品力をアピールすべきかを提案するという手法もある。
- ●最近では食品会社といっても多角的な商品開発を行っており、バイオ関連の研究や、食品開発の技術を応用して、化粧品などの分野に乗り出している企業などもある。その企業の代表的な製品だけにとらわれていると、守備範囲を広げつつあることに気がつかない場合もあり、注意が必要。
- ●企業のホームページなどには、必ず最新のトピックスとして新規事業の紹介がされているはずなので、エントリーシートに記入する前に、必ずチェックしてじっくり研究したい。

外食産業

　お金のない学生にとって、貴社のレストランは、「たまのぜいたく」をしたいときに欠かせない存在です。イタリアンといえば高いイメージが強いのですが、貴社のレストランはおいしいメニューを安く提供してくれます。さらに、素材も調味料も、イタリアから直輸入していることを知り、感動しました。

　学生時代に学んだビジネスマネジメントを生かし、ただ安いだけでなく、いかによいものを消費者に提供するかを、貴社で追求していきたいと考えています。

飲料会社

　大学2年生のとき、1年間休学し、ドイツに留学しました。ビールを水のように飲むドイツ人と友人になり、私も毎日グラス2杯程度たしなむようになりました。帰国して日本でビールを飲んでみると、どこか違うのです。

　食通を気取る友人によると、それは麦100パーセントかどうかだというのです。日本では副原料を使っていても「ビール」と表示できます。さらに麦の割合を抑えた「発泡酒」や、麦以外を主原料とするリキュール類の人気も高まっています。しかし、私は本物の「ビール」にこだわりたいのです。

　貴社は、麦100パーセントのビールに力を入れています。本物の原料を使いながら、どう味を工夫するか――大学の研究室で生物学を学んだ経験を生かし、発酵技術の向上に貢献することで、私の思いを実現していきたいと思います。

新聞社①

　新聞研究のゼミに入り、日本の主要紙の比較を行うなかで感じたのが、ニュースの伝え方が画一的になっているのではないかということでした。各紙でスタンスの違いはあるのですが、現在のような報道の仕方、記事の書き方では、その違いが普通に新聞を読んでいる人にはわからないと思います。記者の視点が浮かび上がる記事が少ないように感じます。結局、その事件や動きが国民にどんな影響を与えるのかが見えにくくなっているのではないでしょうか。

　その点で、すべての記事に署名を入れる取り組みを数年前に始めた貴紙は画期的といえます。責任の所在を明確にし、文章のあいまいさを排除し、よくも悪くも記者の視点を明らかにすることで、読者に事実の本質を伝えることになると思います。

　事実を表面的になぞるのではなく、事実のおもしろさを伝える記者になりたいと考えています。

Advice　　　　　　　ここに気をつけよう！

●人気の業界であるマスコミ系の企業には、1万通以上のエントリーシートが集まるところもあり、そこを勝ち抜いていくためには、かなり知恵を絞る必要がある。

●とくに、文章ばかりでなく、写真やイラストを入れたり、自分が旅行したルートの地図を書き込んだりと、志望者は皆、さまざまな工夫を凝らして「見た目」でも勝負している。全体のバランスを考えて、文章だけに頼らない工夫も考えよう。

新聞社②

　中学生のころから新聞記者に憧れていました。本格的に志望するようになったのは、女性学のゼミで徹底した調査・研究活動に取り組んでからです。

　女性が子どもを産まなくなったのはなぜか、をテーマに統計を用いながら調査しました。地味な研究ですが、ここから保育環境などの社会背景が見えてきました。「事実を積み上げていくなかで本当のことが見えてくる」、これがゼミで学んだことです。華やかさだけに憧れていた私を大きく変え、記者としてどんな仕事をしたいかが、おぼろげながら見えてきたのです。

出版社①

　「おまえの音楽の聴き方は邪道だ」と友人に言われたことがあります。友人は、素直に音そのものを楽しめばよいと言うのですが、私はその音楽がいいと感じると、どういう過程でこの

音楽が作られたのかに興味が湧くのです。つまりミュージシャンの人となりを知りたくなるわけです。出版物を読みあさるのですが、私の関心に応えてくれないことも多くあります。音楽

系雑誌などに力を入れている貴社で、ミュージシャンを丸裸にするような企画を実行していきたいと思います。

Advice　　　　　　　　　　　ここに気をつけよう！

- ●文章はあまり小さい文字でギッシリと書かないこと。大事なキーワードは太字にしたり、マーカーで色をつけたりしてもよいかもしれない。一般企業よりも「目立つ」ことを意識しよう。
- ●文章の内容としては、やはり企業研究が第一。華やかな世界だから、憧れだけで応募してきたのでは、と思われないことが大事。自分が何をやりたいか、できるのかを強烈に訴えてみよう。

出版社②

活字が大好きです。活字中毒患者といってもいいでしょう。トイレや風呂場にも、読む本がないときはカタログや新聞のチラシまで持ち込みます。電車に乗ると、スマートフォンを手にする人に混じって、熱心に文庫本を読む人をけっこう見かけます。活字文化は衰退することはないと確信しています。

その活字での単行本作りにこだわりたいと考え、志望しました。貴社の、学術的なテーマをかみ砕いて新書にしたシリーズのような企画や、市井の人をクローズアップした読み物企画などを担当できれば幸せです。

広告代理店

高校時代から広告に興味を持っていました。とくに、新聞や雑誌の広告にひかれ、架空の新聞広告を自主制作して、文化祭で出品したこともあります。

大学では広告研究会に入り、コピーパートに所属して、一時はコピーライターをめざしましたが、就職のために企業研究をするに従い、制作部門よりも営業部門に興味を抱くようになりました。クライアントの満足を勝ち取るための活動は、ハードかもしれませんが、それだけにやりがいのある仕事と思い、志望しました。

Advice　　　　　　　ここに気をつけよう！

● 最近では、電子メディアを無視するわけにはいかず、電子書籍やウェブコンテンツの需要が急速に高まっているので、2通りの戦略があるといえる。文例のようにあくまで活字にこだわるか、総合情報産業として進化する出版業に携わりたいのか、自分自身の「売り」は何かを考えて、よりアピールできる方向を決めよう。その出版社が活字分野からの撤退を考えている可能性もあるので、企業研究やOB・OG訪問は抜かりのないように。

テレビ局①

　貴社のニュース番組は、個性的なキャスターやコメンテーターの起用によって、視聴者にわかりやすく伝えることに成功しています。しかし、送り手の個性や主張があまりに強すぎても、事実が正確に伝わらない危険性があると思います。

　たとえば、大きくとりあげられたニュースだけが重要であるかのような印象を与えているのではないか、と感じることがあります。その陰に隠れた、小さくても重要な世の中の動きを見落としていないかに目を配り、ていねいな取材を通じて、視聴者により正確で客観的な情報を届ける番組作りを追求していきたいと考えています。

テレビ局②

　物心ついたときに、すでにテレビっ子だった私。テレビは当然のように私の生活の中にありました。とりわけ強く印象に残っているのが薄型の大型テレビの登場です。親が購入して家に届いたときには、その大画面の迫力に驚いたものです。これほど、日本人の生活の中に溶け込んだ道具があるでしょうか。その影響力の大きさを考えると、恐ろしささえ感じます。

　最近では、テレビを子守代わりにしてはいけない、テレビが子どもたちに悪影響を及ぼしているという批判も耳にします。それだけ、生活に密着して情報を随時発信するツールになっているのです。このことを踏まえ、より国民生活に寄与する情報を提供していきたいと考えて志望しました。

ラジオ局①

　兄弟に視覚障がい者がいることもあって、私は「聴く」ということにこだわっています。相手の表情から読み取ることの大切さもわかっているつもりですが、言葉の「表情」を感じながら聴くことで、より心にしみ入ってくることもあると思うのです。

　貴社の番組では、トーク番組が好きです。詩的な内容でも、社会評論を交えた話題でも、ひと言ひと言を聞き逃さないつもりで聴いています。日本語の乱れが指摘されている今だからこそ、言葉を大切にした番組作りにかかわっていきたいのです。

ラジオ局②

　私の1日は、音楽で始まり、音楽で終わります。モーニングコールは、タイマーセットしたFM番組で、朝食中も通学の電車の中でも、ずっと音楽を聴いています。さすがに授業中は勉強に集中しますが、帰宅してからも、寝る瞬間まで何かの音楽をインプットしています。音楽のない世界なんて考えられないし、考えたくもありません。

　「仕事は楽しくするべきだ」というのが私の持論です。幼いころから、大好きな音楽に関係する職業に就きたいと願ってきました。また、私のようなリスナーに音楽を届ける仕事ができると考えただけで、胸がワクワクしてきます。そこで、ラジオ局の中でも、音楽に力を入れ、選曲センスのよい番組が多い貴社を志望しました。

デザイン事務所

近年のコンピューターグラフィックの技術の進歩には、目を見張るものがあります。バーチャルのキャラクターを合成し、人間そっくりの動きを作り出したりと、夢に満ちた世界です。

私は、大学でデザインやコンピューターについて学んできました。ここで培ったセンスや技術を生かしていきたいと考えています。それ以上に、私は新しいものが大好きで、興味を持ったものについてはすぐに調べたり、行動に移したりといった性格です。進取の精神こそ、この業界で生かせると思います。

印刷会社

私は大学で新聞部に所属し、記者として学内・学外を取材するとともに、レイアウトやデザイン、印刷など新聞作りの全工程にかかわってきました。そのなかで強く感じたことが、いくらいい記事を書いても「見せる」努力を怠ればだれにも読んでもらえないということでした。

印刷会社は、印刷だけをしていればよいという時代はもはや終わりました。多くの企業が新しい分野への進出をはかっています。「見せる」という手段が多様化し、また豊かになってきている時代、人類最古のメディアである活字を扱ってきた印刷業界が、情報コミュニケーションの先頭を走っていいはずです。

貴社は、こうした時代の流れに敏感に反応し、多角的ともいえる事業展開をし、SDGsへの取り組みも積極的に行われています。しかし、その原点は「見せる」ということであると思うのです。このことを意識した印刷業界での貴社の先駆的な仕事に、私も参加したいと志望しました。

情報・通信・運輸 [コンピューター・携帯電話・ソフトウェア・鉄道]

コンピューター会社

　私は子どものころ、ジグソーパズルが好きでした。友だちが
1週間かかるところを、1日で完成させてしまうほど得意でし
た。1つひとつのピースを組み合わせて作品を作り上げる喜び
は格別で、パズルに取り組んでいるときはものすごい集中力を
発揮できました。

　中学・高校生になると、その興味は機械に向くようになり、
ラジオやテレビ、パソコンなどを分解したり、自分で作ってみ
たりするようになりました。毎日の生活で役に立っている家電
や機械、それがどんな構造をしているのかを理解していくと、

作り手の気持ちや創造性が浮かび上がってきます。「今度は私
が作る番だ」。いま、その気持ちでいっぱいです。

携帯電話会社

　情報通信産業は今や時代の花形です。携帯電話会社も通話料
金や新たなサービスで、激しい競争をくり広げています。その
中で貴社は、顧客満足度ナンバーワンの企業です。

　私たちの生活はもう、携帯電話なしでは成り立たないといっ
てもよいでしょう。私も、日常生活や学業のうえでスマート
フォンを最大限に活用しています。

　だれにでも使いやすく、セキュリティ面でも不安のないもの
にするために、ユーザーとして自分が感じたことを貴社での仕
事に生かし、どんどんアイデアを提案していくつもりです。

ソフトウェア開発会社

　新技術が次々に開発されてきたこの業界は、常にさらなる変革が求められています。しかし、私はふと疑問に思うことがあります。私たち人間は、こうした技術の進歩に追われ、コンピューターに依存しすぎているのではないだろうか、と。

　私は、大学で最先端の情報産業について学び、パソコンなどもそれなりに使いこなしているのですが、友人関係にはそれらをできるだけ持ち込まず、ふれあいや語り合いを大切にしてきました。腕時計はアナログ、古い音楽が好きということもあってアナログプレーヤーでレコードを聴く毎日です。

　とくに、アナログへの懐古的感情を持っているわけではありません。アナログとデジタルの融合、というより、アナログ的発想でデジタルを使いこなすのがこれからの時代のあり方ではないかと思っています。人間をより豊かにする技術を貴社で研究していきたいと考え、志望しました。

鉄道会社

　私はもともと、サービス業界で働きたいと考えていました。そして、多くのお客さまの役に立つ仕事という点を考えると、鉄道はサービス業のひとつだと思います。もし鉄道がなかったら、毎日の通勤・通学はどんなに不便なことでしょう。旅行やレジャーにも欠かせない移動手段です。

　貴社は都心へはもちろん、豊かな自然の多い西にも路線をのばし、市民生活の充実に貢献しています。市民生活を支える仕事に、誠実に取り組みたいと思い、志望しました。

教育関係 [学習塾・予備校・幼稚園・保育所]

学習塾・予備校

　教育実習で母校に行ったとき、担当の先生から教科書どおりの授業を求められて閉口したことがあります。学習塾のアルバイトでも目標はあくまで受験であり、とにかく授業を前へ進めることが求められました。本当にこれで学力がつくのか、私には疑問です。

　情操教育を取り入れながら生徒の知的好奇心を育てようという貴社の姿勢に、共感しています。「勉強って楽しい」と思えることが、知識を吸収することにつながり、結果的に受験のためのテクニックを身につけることにもなると思うからです。貴社で、今の日本に欠けている教育を実践したいと思います。

幼稚園・保育所

　ゼロ歳からの乳幼児保育は、その後の性格や生き方にも大きな影響を与える可能性があるという点で、義務教育の学校で子どもを預かることよりも、大変で難しいと思います。
　親ではない他人が、親より多くの時間を共にすることもあるのです。愛情をそそぐことはもちろんですが、社会のルールをきちんと教え、人間関係の基礎をつくることに心を砕かないといけないと思います。私自身がそうだったように、保育園に通ってよかった、といわれるような仕事をしていく決意です。

Coffee Break

[A大学・Uさん]

「学生時代に得たことに関しては、どんなにささいな出来事や、一瞬のうちに終わってしまった出来事でもいいから、ほかの人にはこれだけは負けないと思うことを取り上げてアピールしました。

涙が出るほどうれしかったことや、心から感動したことは、だれにだってあるはずです。それを正直に伝えたことが、そのまま評価につながったのだと思います」

[W大学・Sさん]

「履歴書とエントリーシートを書くにも、ある種の作戦が必要で、相手の好奇心をくすぐるような書き方をしたところは、面接で必ず質問される。したがって、現実の自分とエントリーシートにプレゼンテーションした自分が、できるだけギャップのないようにすることが大事。

ただし、書いた内容にとらわれすぎて、自分をうまく出せないことがないように注意しよう。また企業によっては、その場で直接記入しなくてはならない場合もあるので、自分で作成した自己PR文を持ち歩いていたほうがいい」

[H大学・Kさん]

「志望動機は、自分が今までやってきたことと、それを生かしてやっていきたいことを、その会社の仕事内容に触れつつ書きました。この3つを、無理なく関連性を持たせて書くのがポイントだと思います。

あとは、字をきれいに書くこと。とくにレイアウトに心を配り、ぎちぎちに記入しないように気をつけました。そのせいか、読みやすいとよくほめられました」

[S大学・Mさん]

「個人的な印象では、エントリーシートの重視度は、企業によって違う気がする。同じ業種の企業に同じような内容を提出しても、通過したところとしないところがあった。ただ、いくら自分をよく見せようとしても、最後は『適性』がモノを言う。何社か受けてみて、エントリーシートや一次面接で落とされることが多ければ、その業界は自分に合っていない可能性が高い。あまり落ち込まずに、ほかの業界に切り替えたほうがいいかもしれないよ」

4章

採用担当者を
ひきつける自己PRは
これだ！

■徹底した自己分析ができたかをチェック！

■平凡になっていないかをチェック！

■自慢しすぎていないかをチェック！

■長所と短所の表現方法をチェック！

■「笑い」や「共感」を得られる要素があるかをチェック！

■こう書く！自己PR

総合的な自己アピール／判断力・行動力

性格や人柄、人間性／協調性・チームワーク

意志の強さ・粘り強さ・積極性／長所と短所を自己分析

自己PR

徹底した自己分析が できたかをチェック！

① 経験に基づいた自己分析をする

エントリーシート記入の心得のところで解説したように、就職活動においては客観的な自己分析が不可欠です。とくに、自分はこういう人間であり、この長所を買ってほしい、この部分だけはだれにも負けないなどの「売り」のポイントは何なのか、これらのことに関して自分自身で理解していなくては、説得力のある自己PRが書けるはずはありません。

いったい自分はどんな人間なのか、ふだんは考えてみることもあまりないかもしれませんが、この際第三者の客観的な視線になって、じっくり自分自身を観察してみましょう。まず、すぐに思いつく要素があれば、箇条書きにして書き出してみます。それを吟味して、「自分らしさ」を分析していきましょう。

■自分を知るために過去を具体的に振り返る

明るい、積極的、粘り強い、探究心が旺盛、情熱的など、いろいろな項目が箇条書きされてきたことと思います。これらを吟味しながら、**その項目を裏付けるようなエピソードや、忘れられない事件、思い出など過去の出来事**をピックアップしてみることです。明るいという性格を物語るエピソードとしては、どんなものがあるのか考えてみましょう。例えば、

●野球チームが試合で連敗し、全員の気持ちが後ろ向きになってきたときに、合宿所で友人とショートコントをして皆の気持ちをリラックスさせた。

●高校生のときに、腎臓病で長期入院したが、病棟でいろいろな患者と友だちになり、入院生活を楽しんだ。

などが思い出せれば、その事実からさらに発展させていくことができます。コントが得意なら、「ものおじしない」「ユニークなアイデアがひらめく」、病棟の人気者になったのなら、「コミュニケーション能力に富む」「人と接するのが好き」「逆境に強い」などと表現することも可能なのです。

■経験談がいちばん説得力がある

エントリーシートに記入するときに、いちばん効果的なのは経験に裏打ちさ

れた事実・主張であるということです。自己分析も同様です。ただ「積極的です」と言うだけでなく、具体的なエピソードで、なるほど積極的な人間なのだなと相手を説得することが必要になります。

このときに気をつけたいのが、そのエピソードが最適かどうかという点になります。例えば、親の反対を押し切って、体調が悪いのに登山に行き、見事に登頂に成功した、などというエピソードを、「積極的」「粘り強い」ことの裏付けにはできません。これでは、ただ無謀であったり、単なるがむしゃらにすぎないと思われてしまいます。くれぐれも、自分のアピールに適切なエピソードを厳選して記述するようにしてください。

② 第三者の目線・評価を取り入れる

自分自身がいくら客観的に分析を試みても、やはり限界というものがあります。どうしても、完全に主観を離れることは不可能なのですから。そこで、自己分析を完璧にするためには、第三者による評価が必要になります。

自分の親しい友人、それも大学時代だけでなく、小学校、中学校、高校、学校以外でのつきあいの友人など、いろいろな人に取材してみることをお勧めします。小学校のときには、こんなふうに評価されていたのかとわかると、それがそのまま継続しているのか、何らかのきっかけで変化したのか、自分の成長の軌跡をたどることにもなります。

友人だけでなく、恩師、家族、親戚、近所の知人などに聞いて回ると、なかなか興味深いデータが集まるはずです。自分は、こんなふうに見られていたのかと、びっくりするかもしれません。また、忘れていたエピソードを思い出せるかもしれません。

なお、このときに**長所ばかりでなく、短所についてもしっかり聞いておく**ことが大切です。そうした批判が妥当であるのか、その短所は現在も克服できていないのかなど、とことん考えてみます。

こうして、徹底した自己分析を行っていけば、内側と外側から自分自身を見つめ直すことになり、奥行きのある自己PRにするために大いに役立つはずです。

平凡になっていないかをチェック！

① まず、自分に自信を持つことが大事！

　自己分析がひととおり終われば、自分の長所や短所、性格が自然とわかるようになってきます。「私という商品」を企業に売り込む際、どこを強調すべきかも次第に見えてくるでしょう。

　しかし、ここで大きな難題が１つ登場します。それは、いかに競争相手の中に埋もれず、自分の特徴が際立つようにするか、という問題です。

　例えば、自動車の販売においても、これだけ多くのメーカーと車種が市場にあふれている状況で、自社の新車を売り込むのは容易ではありません。競争相手の自動車と何が違うのか、セールスポイントはどこなのかをきちんと説明することができないと、自動車の営業担当者は大いに苦労するはずです。

■ライバルを知ることができない点では、相手も同じである

　就職活動についても事情は同じです。自己分析が終わり、自分の特徴を詳しくつかめても、ほかの就職希望者のほうが優れていれば、あなたの希望はかなえられません。競争相手に敗れてしまうからです。そして就職活動の場合は、自動車の販売のように競争相手のことを詳しく知ることができません。実際の自動車の販売では、ライバル社がどんな車種を売っているのか、競合する車種の特徴はどうか、どんな販売活動を繰り広げているのか、といったことは、かなりの部分まで調べることが可能です。

競争相手に埋もれずに、いかに自分の特徴を際立たせるかが大切

しかし、就職活動では、ライバルに相当するほかの学生のことは、ほとんどわかりません。つまり、ほかの学生と見比べたうえで差をつけるということが、あなた自身にはほとんどできないのです。

でも、心配するには及びません。なぜなら、相手の学生も同じ条件に置かれているからです。あなたが「Ａ社には自分より優秀な学生ばかりが集まるに違いない」と思うときは、ほかの学生も同じように思っているのです。「きっと自分より優れた人が集まる」といった疑心暗鬼を捨て、まず自分に自信を持ちましょう。自信が何より大切です。

② 体験に基づく事実で目立とう！

自分に自信を持ったうえで、あなたがすべきことは「平凡に終わらない」ことです。言い換えれば、「いかに目立つか」ということです。自己ＰＲを行ううえで、平凡に終わらないためには、自己分析によって得られた自分の長所や特徴、人柄のうち、**「これが最大のセールスポイントだ」**と思う事柄を見つけ出すことが大切です。

例えば、積極性、穏和な性格、粘り強さを全部均等に売り込みたいと考え、これらを均等にエントリーシートに記入し、面接で語ろうとすると、どうしても企業側が受け取る印象は散漫になりがちです。

■体験談は、平凡を非凡に変える

次の２人の自己ＰＲを読み比べてみてください。

> Ａ 「私の長所はとても粘り強いことです。しかも穏和な性格であり、和を乱すこともありません。そのうえ何事にも積極的に取り組みます」
>
> Ｂ 「ラジオの英会話を３年間、毎朝欠かさずに聞きました。英語力だけでなく、努力を続ける粘り強さも身につけました」

この２人の説明を聞いて、あなたはどちらが平凡に思えますか。おそらく大部分の人は、Ａさんが平凡だと思うでしょう。なぜなら、積極性も粘り強さも穏和な性格も、それぞれでは平凡だからです。就職活動において、積極的か消極的かと聞かれたら、ほとんどの学生は「積極的です」と答えるでしょう。それぐらい「積極的」は平凡なのです。同様に「粘り強い」「リーダーシップが

ある」「我慢強い」「協調性がある」「体力がある」なども、平凡です。

　では、なぜBさんは、平凡に思えないのでしょうか。もうおわかりですね。Bさんの非凡さは「粘り強さ」にあるのではなく、「ラジオ英会話を3年間、毎朝聞き続けた」という事実にあるのです。平凡を打ち消したうえで、非凡を強調するには、**抽象的な言葉ではなく、「体験に基づく事実」**がとても効果があるのです。

③　だれでも非凡さを持っている

　非凡さを強調するような経験を、自分は持ち合わせていない。そう思う必要はありません。なぜなら、ほとんどの人は、その経験に自分で気がついていないだけだからです。先に述べた「徹底した自己分析ができたかをチェック！」をもう一度読み返して、自分の体験をよく思い起こしてみてください。自分で思いつかない場合は、友人や知人に聞いてみるのもいいでしょう。必ずヒントは見つかるはずです。

④　「非凡」と「奇抜」を勘違いしない

　ただし、「非凡である」ことは「奇をてらう」こととは違います。「毎朝、通学電車のつり革で懸垂を20回やって、腕力を鍛えてきました」という体力自慢は、ただの勘違いに過ぎません。目標はあくまで就職で、社会人にふさわしい能力が備わっているかどうかにあるのですから。

　平凡に終わらないための「体験に基づく事実」を見つけ、説明することができるかどうか。ここでのポイントは、その1点にあります。

奇抜さで売り込んでも、社会人としての能力があるとは評価されない

自慢しすぎていないかをチェック！

① 自信過剰は傲慢さにつながる

　自己分析を通じて自分のセールスポイントが見つかり、それが平凡に終わらない自信もついた。そういう段階で最も注意すべきことは、「ただの自慢話になっていないかどうか」ということです。実は、この点は若い学生がいちばん陥りやすい部分です（とくに、「一流」といわれる大学の学生に多い）。

■自慢話で、採用担当者の共感は得られない

　数年前、ある有名私立大学の男子学生から相談を受けたことがあります。学業成績もよく、バスケットボール部でも主将をするなど中心になって活躍しており、経歴などを見る限り、非の打ちどころがありません。しかし、なぜか希望する企業から内定が取れず、焦っている、どうしてなのかわからない、という内容でした。

　彼と話しているうちに、内定の出ない理由はすぐにわかりました。彼の話には「自慢」が多すぎるのです。「２年生のときにアメリカの大学に留学したので英語は完璧。海外とのビジネスはすぐにでもやれる」「バスケットボール部で主将を務めた。ほかの人が主将をやっていたら、部活動はめちゃくちゃだったと思う。後輩からも慕われていた」「ゼミの成績もよく、教授にたびたびほめられ、大学に残って研究を続けたらとも言われている」。そんな話ばかりです。しかも、エントリーシートにもそういう内容を書き、面接でも強調しているというのです。

　企業の採用担当者は、すでに豊富な人生経験を積み、実社会でもまれ続けています。そういう人から見れば、留学体験など

自分にとっては大きな出来事の留学体験も、人生経験の豊富な採用担当者には説得力がない

はたいしたものには映らないでしょうし、「ほかの人が主将をやったら部活動はめちゃくちゃだったと思う」という言葉には共感を得られないでしょう。

② 自信と自慢を間違えない

　自信を持つことは非常に大切で、素晴らしいことでもあります。しかし、一歩間違えば、自信は単なる自慢になってしまいます。あまりに**度を越した自慢は、就職活動では大きなマイナス**になります。なぜなら、自慢をくり返す人というのは、たいてい周囲が見えておらず、冷静かつ客観的に自分を見つめる作業ができていないからです。

③ 自信＋謙虚さの組み合わせで好感度アップ

　オンラインも含めて、留学体験を語るなら、「英語は完璧」と自慢だけで終わるのではなく、「英語に対する自信はできたが、もっと磨く必要を感じている」と語ったほうが、はるかに魅力的です。いっときの体験に酔いしれるだけでなく、将来を見据えた向上心も表れています。「留学費用を出してもらった両親には、感謝してもしきれない」と付け加えれば、好感度はいっそうアップするでしょう。

　バスケットボールのことにしても、「自分以外に主将が務まる者はいなかった」と言うより、「自分が主将を務めることができたのは、周囲の人、とくに後輩が支えてくれたから」と言ったほうが、はるかに人間としての豊かさを感じさせます。

■自信を示すだけでなく、就職したい熱意を示す

　ゼミの授業についても「教授からほめられ、大学に研究者として残らないかと言われている」という話だけで終わってしまったら、「それなら残ったほうがよいのでは？」と相手に突き放されるだけです。たとえ教授にそう言われていたとしても、ここは「研究者として残らないかとの話もあるが、私は実社会で力を試してみたい」「研究室に閉じこもるのではなく、企業の中で、種々の経験を積み重ねてみたい」といったように、就職したいという熱意を

就職したいという熱意を積極的にアピールする

表現すべきでしょう。

4 一歩下がって自分を振り返る

　繰り返しますが、自信と自慢は紙一重です。自信を持つことは大切ですが、知らず知らずのうちに自慢話のオンパレードになりかねません。そうした状態にならないためには、常日ごろから**「謙虚さ」を意識すること**が大切です。謙虚さを身につけるには、いつも一歩下がって自分を振り返る姿勢が必要です。

　例えば、以下の自己PRを読んでみてください。音楽業界への就職を希望していた学生が書いた一文です。

> 「私は学生時代、音楽サークルで活動を続けてきました。今年1月に行った最後のコンサートでは市民ホールが満員になり、専門雑誌にも紹介され、レコーディングの話もくるほどでしたが、私はいまだに、自分の実力に半信半疑です。コンテストでは最優秀賞をもらうことができたものの、自分自身では必ずしも満足のいく内容ではなかったからです。もちろん、いただいた評価は私への励みとなりました。しかし、サークル活動での評価は、あくまで仲間全員に対しての評価です。素晴らしい仲間に恵まれた私は、大変幸運でしたが、今度は貴社の中で私個人として、最高の評価をいただけるよう、力を発揮してみたいと思っています」

　サークル活動を通して得た自信、それが過信や自慢にならず、なおかつ謙虚な姿勢もにじみ出ています。一歩下がって自分を振り返ることができる人は、間違いなく「大人」だといえます。

自信過剰になることなく、自分を振り返ることのできる謙虚さが大事

自己PR 長所と短所の 表現方法をチェック！

① 企業は常に長所と短所を見ている

　自己PRと聞いて、真っ先に思い起こすのは、長所と短所でしょう。最近は企業のエントリーシートも凝った形式のものが増え、正面切って単純に「あなたの長所を教えてください」「短所はなんですか？」などとたずねるものは少なくなりました。

　しかし、それで気を抜くことはできません。エントリーシートや面接の質問項目に「長所」「短所」といった言葉が直接登場しなくても、企業側はあらゆる場面を通して、あなたの長所と短所を見極めようとしているからです。極端な例でいえば、**趣味や特技をたずねている場合にも、長所や短所を見抜こうとしている**と考えていいでしょう。

　逆に言えば、「長所は何ですか？」と問われなくても、自分の長所はいつでも宣伝し、採用担当者に売り込むくらいの姿勢が必要になってきます。

② 長所は具体例や体験談でアピールする

　では、長所をアピールする場合の最大のポイントは何でしょうか。実は、これも**「具体例」**や**「体験談」**が勝負なのです。粘り強い性格を強調しようとするとき、「私は大変粘り強い性格で、物事をあきらめません」とくり返しても、あなたの粘り強さは伝わってきません。

　次の例文を見てください。ある新聞社のエントリーシートで「自己PR・自己分析」を問われて、都内の女子学生が書いた文章です。

> 「N社と協力して大学紹介雑誌の編集をしたときのことです。最大の苦労は取材そのものよりも、相手の理解を得ることでした。大学の広報課は取材対象や下書きの内容に何度もダメ出しをします。その中で自分の書きたい内容を貫くのは大変でした。大学職員と4時間以上話し合ったこともあります。粘り強く話し合い、そして次第にお互いの接点も見え、最後は双方が納得した記事がで

きあがりました。

　粘り強さ、これは私の信条ですが、この編集作業を通じて私の信条はいっそうゆるぎのないものとなりました」

　いかがですか。内容がかなり具体的です。とくに「4時間以上話し合った」という部分によって、内容の信ぴょう性、迫力が増しています。具体的に書く必要があるからといって、だらだらと自分の体験談を自慢するように書くと大失敗しますが、この例文のように簡潔にポイントを押さえて書くと、企業の採用担当者が好印象を抱くことは間違いありません。

③ 「短所」ではなく「弱点」にする

　さて、問題は「短所」です。たいていの人は、長所についてはある程度自信を持って書き、語ることはできますが、短所となるとそうはいきません。短所を表現するときに具体的になりすぎると、本当にだめな人間に思われてしまいますし、かといって「短所はありません」というのは自己分析が足りない証拠となってしまいます。

　いちばん無難なのは、「短所」という強い印象を与えずに、「弱点」レベルに**トーンダウンして書く**という方法です。お人好し、頼まれるとイヤと言えない、義理人情に弱い、おっちょこちょいなど、許せる範囲内にとどめておくのです。

　もちろん、だれでも短所は持っていますから、これを工夫して書くことも必要になります。例えば、消極的、引っ込み思案、飽きっぽい、独りよがり、リーダーシップに欠ける、などです。こういった性格や人柄は、一般的には短所だといえるでしょう。

お人好し、おっちょこちょいなど弱点として表現するのも1つの手

しかし、これをそのまま表現していては、自分を売り込むうえでマイナスにしかなりません。「私は消極的で飽きっぽい人間です」という学生を、企業が採用したいと思うはずはありません。そうはいっても、消極的で飽きっぽいのが本当なら、「積極的で粘り強い」とウソをつくわけにもいきません。表面だけを取りつくろうウソは、百戦錬磨の採用担当者に簡単に見破られてしまうからです。

④ 短所は長所に変える

では、短所をうまく表現するにはどうすればよいのでしょうか。答えは1つです。それは**「短所はあるけれど、それを長所に変えてしまう表現をする」**ことです。

あなたが消極的な性格なら、「消極的です」ではなく、「万事に慎重な性格ですが、ここぞと思うときは全力を傾けることができます」と表現してみましょう。飽きっぽい性格なら、「私は飽きっぽい性格だとよく言われます」ではなく、「私は新しいもの好きで、次から次へといろいろなものに興味が湧きます。友人たちからは飽きっぽい性格と言われますが、私自身は好奇心旺盛で、どこでも飛び込んでいける性格だと自負しています」というように表現してみましょう。

■前向きな姿勢こそがプラス材料になる

いかがでしょう。同じ短所であっても、長所に結びつけて考えていくと、答え方もずいぶん違ってきます。短所を長所に変える、短所を長所に結びつけて考える、このことをよく理解してください。短所を長所に変えようとする姿勢自体が「前向き」としてプラス材料にもなるのです。

短所を長所にしようとする、その姿勢が評価される

「笑い」や「共感」を得られる要素があるかをチェック！

❶ 上質のユーモアで勝負！

エントリーシートや面接で大切なのは、まず相手の印象に残るということです。大企業、有名企業ともなれば、就職試験には数千人から数万人単位の学生が訪れます。もちろん企業側も相当の人数を割いて採用活動にあたっていますが、あまりにも学生の数が多いと、エントリーシートも十分な時間をかけて読むことができなくなり、どうしても斜め読みになってしまいがちです。

■「笑い」で採用担当者の目を引く

ある大手鉄鋼メーカー人事部の幹部が、こんなことを言っています。

「学生諸君は何とか自分を売り込もうと一生懸命になって、いかに自分が個性的かを強調していると思います。しかし、何千通ものエントリーシートに次々と目を通していると、どれもこれも同じ内容に思えてしまうのです。細かい部分では、それぞれに特徴はあっても、全体の中で読んでいれば、特徴のない、平凡な内容ばかりに思えてくるのです。

そんなときに、思わず笑みがこぼれるようなエピソードに出会うと、非常に目立ちます。ほかの学生と同じレベルなら、間違いなく、その学生が有利になるでしょう。笑いは企業の中でも大切な要素です。暗い人と一緒に仕事をするよりは、明るく楽しい人と仕事がしたい。それは人間として当たり前ではないでしょうか。もちろん笑いだけが重要なのではなく、その学生の考え方や生き方に共感できる部分があれば、それもよい印象を与えます」

何千通ものエントリーシートを、次々にふるいにかける作業を思い浮かべてください。その中に「笑い」があれば、おそらく相当に目立つはずです。応募者の生き方、考え方に「共感」できる部分があれば、それも有利に働くと考えてよいでしょう。

■書き手の明るさや行動力を示すことが大切

　ただし、ここで言う「笑い」は、いわゆる「学生のノリ」とは違います。学生気分そのまま、友人同士のような感覚で笑いを取ろうとしても、単なる仲間うちの「内輪ウケ」で終わってしまうでしょう。

　次の文章を読んでみてください。これは、大手家電メーカーを志望した男子学生がエントリーシートの中の「最近印象に残った体験」に書いた一文です。

「1年生のときに、ニューヨークへ短期留学したときのことです。各国の学生が集まり、パーティーを開くことになりました。慣れないアルコールが全身に染みわたり、やがて激しい腹痛に襲われました。一人で会場を抜け出し、トイレに走ると、アメリカ人の友人が心配して、トイレまでやってきました。「I'm OK」と叫びましたが、彼はトイレの壁をよじ上り、私のこもった個室に下りてきたのです。「Thank you」とは言ったものの、心配してくれたうれしさよりも恥ずかしさで、アルコールが一気に吹き飛びました」

　アメリカの学生パーティーならではの明るさ、トイレの個室に足を踏み入れられて「ありがとう」と言う本人。何となく、笑える文章ですね。しかも、書き手の明るさと行動力も読み取れます。こういう内容を書くことができれば、企業の好感度は大きくアップするのは間違いありません。

② 誠実さの直球勝負で共感を得る

　思わず笑ってしまうというストーリーが難しいとしても、オーソドックスな「誠実」路線で共感を得ることはできます。「そのとおりだね！」という温かな微笑みを読み手に浮かべてもらえれば、成功です。

次の文例は、大手アパレルメーカーを志望した女子学生が「志望動機」に書いた一文です。

> 「ボランティア活動の一環として、老人福祉施設をたびたび訪れ、お年寄りの話し相手になったり、身の回りの世話をしたりしました。そのときにいちばん強く感じたのは、お年寄りにもラブストーリーを！　ということです。若い世代から見るとお年寄りはみな同じだと受け止めてしまいがちですが、生き生きとしている人もいれば、そうでない人もいます。何度か通っているうちに、明るく元気な人ほどファッションにも気を遣っていることがわかりました。施設側の話では恋愛も盛んだとのこと。お年寄りが生き生きと生活を楽しみ、ラブストーリーに胸を焦がす。超高齢社会の現代では、それが当たり前になってくるのかもしれません。
> 　貴社は今、若者向けの衣料を中心に扱っていますが、貴社の一員になることができれば、私はいずれ、高齢者向けファッションのことも考えたいと思っています。私の両親も老人の域に近づきました。やがては私も老人になります。だれもが行くその世界を、楽しく、明るく彩ってみたいと考えています」

なかなかよく書けています。何よりも、お年寄りに対する温かな目線が共感を呼び起こします。こういう文章を書くことができれば、「共感」という面でも相当目立つことができるでしょう。

お年寄りへの温かな目線など、共感できる内容は採用担当者にも好印象を与える

総合的な自己アピール

本当の「プロフェッショナル」をめざす

　社会人になったら、仕事においてプロフェッショナルであることをめざします。プロフェッショナルとは、「人のことを考えて、人のために働けること」だと考えています。「人」には、上司や同僚、取引先やお客様、そして家族も含まれます。そういった人たちを幸せにできることが、仕事の意義だと思います。

　現在ファストフード店でアルバイトをしていますが、チームリーダーに任命されて最初に取り組んだのは、アルバイト同士のチームワークを高めることでした。この課題を達成した結果、お客様へのサービスが向上し、地域ナンバーワンの売り上げ達成につながりました。社会人になっても、「自分は人のために何ができるのか」を考えて目標を立て、一つずつ達成しながら大きな成果に結びつけたいと思っています。

心・技・体の三位一体で精進し続ける

　「心」…これは仲間を大切にする気持ちです。E. S. S.（英語研究会）に所属し、幹部として活動を続けてきましたが、その際にいちばん心がけたのは、自分の主義主張を押しつけるのではなく、相手の立場で考え、行動することでした。その結果、仲間から大きな信頼を勝ち得たと自負しています。

　「技」…売り上げを伸ばすための技術です。スーパーでマグロのたたき売りのアルバイトをこなし、１日で５０万円という新記録も達成しました。お客様の心をつかむ話術なら負けませ

ん。

「体」…持久力と「体でモノを覚える」姿勢です。テレビ局のアシスタント・ディレクターのアルバイトを通じて、チームワークの大切さ、1分1秒であってもないがしろにしない姿勢を学びました。

居酒屋で現状打破のエネルギー源を学ぶ

「歴史は酒の力が切り開く」、この言葉を座右の銘としています。大学の近くによく通う居酒屋があり、ガード下の狭い店内は、毎晩勤め帰りの常連客でいっぱいになっていました。そういう酒場で交わされる会話を「グチだ」という人もいますが、私はそうは思いません。上司に対する批判めいた話も、悪口に聞こえる同僚への言葉も、よくよく聞いていれば、「現状を何とかしたい」という切なる思いなのです。

あるとき、常連客の一人から「この前、ここで大げんかしたやつな、新製品の開発で社内の賞を取ったよ」と言われました。酒場での議論がヒントになった、と実にうれしそうな、いい顔で教えてくれました。社会人になっても、あの店に通い、人生経験豊富な常連客と酒を酌み交わしながら、自分の仕事について語り、ときには説教されてみたいと願っています。

Advice   ここに気をつけよう！

●自己PRは、あなたの人生観を披瀝することである。自分はどんな姿勢で生きてきたのか、これからどう生きていこうとしているのか、具体的なエピソードで語ることによって、その人生観が説得力を持って読み手に迫ってくる。そこに新鮮味をプラスすることも忘れずに！

アルバイトで知った中間管理職の苦労

　１年生のときからカラオケボックスでアルバイトをしました。受付やウエイターはもちろんのこと、掃除や呼び込みと何でもするうちに、アルバイトリーダーの役割を与えられました。

　リーダーというポジションに就くと、今まで見えなかった部分が見えてきます。やる気のない新人アルバイトの勤務態度に責任を感じ、まず笑顔で声をかけて話を聞き、信頼関係をつくる努力をしました。それから、改善すべき点をアドバイスしました。また、周囲はカラオケボックスの激戦区なので、どうしたら売り上げが伸びるのかを店長と一緒に考え、さわやかな挨拶や接客マナーの向上というサービスの基本に立ちかえったところ、お客さまからの反応も良く、売り上げも上がりました。

　やがて本格的なコロナ禍で営業ができなくなると、私を信頼してくれていた店長と、この難局についていろいろ意見を出し合い、都の補助金などによってなんとか乗り切りました。この経験から、中間管理職的な立場での考え方や、経営の難しさも自分なりに理解できるようになったと思っています。

真のリーダーシップを学んだ大学時代

　ゼミのリーダーを務め、集団をまとめる経験を通じて、真のリーダーシップについて学びました。まず、グループ活動で成果をあげるために大切なのは、「情報や問題点の共有」「十分な話し合いによる意思統一」だと考えました。この２つを実現するために常に全体に目を配るのが、リーダーの役割だと思います。そのため、月２回の全員出席のリモートミーティングでは、次のことを実行しました。
①全員が発言できるように進行に気を配る

②メンバーの意見をじっくり聞き、よい点を認めてから自分の
考えを伝える

③全員が納得する結論が出るまで話し合う

　リモートミーティングでは対面よりも意思の疎通に制約があ
るので、発言を促したり、1人1人丁寧に話を振ったりするな
どの工夫もしました。その結果、ゼミのメンバー全員が「この
チームのために自分にできることは何か」を考えるようになり、
チームワークが高まりました。メンバーの意欲や責任感を引き
出すことができ、信頼関係も深まって、より大きな成果が得ら
れました。この経験は、必ず仕事に生かせると思っています。

オンライン留学で得た視野の広さ

　私は視野を広めるため、アメリカ西海岸の大学への半年間の
留学を考えていました。そのための語学研修など、下準備をし
っかりやっていましたが、資金面の事情により、その夢は果た
せませんでした。そんな中で、NPO法人「ボランティアズ・
イン・アジア」の1か月間のオンライン留学プログラムを知り、
それに応募しました。

　現地に滞在することこそが留学の醍醐味だと考えていた私は
期待していませんでしたが、ミャンマーから参加していた女子
学生が、オンライン期間中に起きたクーデターについて教えて
くれたこと、中でも憧れと苦悩が混じった表情で彼女が言った、
「日本って、すばらしい国だよね」という言葉は、民主主義が
当たり前だと考えていた私にとって、衝撃的なものでした。

　このオンライン留学によって、私は先入観で判断したり、何
でも当たり前だと考えたりすることなく、文化や地域、個人な
どいろいろな視点で判断しなければならないということを身に
つけました。

「有言実行」で目標を達成する

　「有言実行」がモットーです。何かに取り組むときに、目標を決めてまわりの人にもそれを宣言すれば、必ず達成しようと努力できるからです。

　大学に入学したとき、ビジネスでは英語での意思伝達能力が必須だと考えて、「卒業までにTOEIC L&R公開テスト　スコア900点達成」という目標を掲げました。まず、まったく勉強せずにテストを受けて、自分の現在の英語力を客観的に分析しました。その結果、自分にいちばん不足していたのはリスニング力でした。その課題を克服するために、「1日3時間英語を聴

く」と決めて、家族や友人にも言いました。2年間実行したところ、750点までスコアを上げることができました。あと150点のために何が必要なのか、新たな勉強方法を模索して、卒業までにはビジネスで役立つ英語力を身につけたいと思います。

笑顔でまわりの人を幸せに

　毎日の生活の中で、「笑顔が幸せを運んでくる」と、自分に言い聞かせています。一日の始まりに、家族や友人に明るい笑顔で「おはよう」と言えるように、心がけています。少し気の晴れないことがあっても、笑顔で人に声をかければ前向きな気持ちになれますし、声をかけた相手も、よい気分にさせることができると思います。

　とくにファミリーレストランでのアルバイトでは、この「笑顔」を大切に考えています。心からの笑顔でサービスして、お客さまに「ありがとう」と言われたとき、自分のほうが幸せでいっぱいになりました。社会人になっても、笑顔でまわりの人を幸せにできるような仕事をしたいと思っています。

過去から学んで新しいものを生み出したい

　小学生のころから続けている書道で、「温故知新」という言葉を実感しながら作品制作をしています。大学生になってからは、創作を中心に取り組むようになりましたが、書きたい言葉は思い浮かんでも、どのように表現すればよいかがわかりませんでした。試行錯誤を続けるうちに、どんなに斬新な作品も、

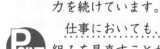

古典学習の積み重ねがなくては生み出せないことに気づきました。そこで、中国古代の書から学習をやり直し、最終的にたどり着いたのが、江戸時代の良寛和尚の書です。独特の温かさや優しさに強くひかれ、この書風を作品に生かそうと、現在も努力を続けています。

　仕事においても、新しい企画を生み出すときは、過去の取り組みを見直すことが欠かせないと思います。書の学習を通じて知った、既存のものからよさを学び取る姿勢を忘れずに、仕事に取り組みたいと思います。

「時間厳守」が信頼のもと

　仕事においていちばん大切なのは、「時間を守ること」だと考えています。時間を守ることは約束を守ることであり、取引先やお客さまに信頼されるための第一歩だからです。

　友だち同士でどこかに集まるときにも、待ち合わせ時間の30分前には現地に到着するように心がけています。ふだんから「遅れても携帯電話で連絡できる」とか、「友だち同士だから多少遅れても許してくれるだろう」などと考えていては、本当に大事な約束にも遅れてしまうに違いありません。社会人として人に信頼され、仕事で成功するためには、「時間厳守」が何よりも重要だと考えています。

判断力・行動力

目標達成のために積極的に行動した

　大学ではゴルフ部に所属しました。両親からはお金がかかるということで反対されましたが、高校時代からの夢だったので、両親に負担をかけないことを条件に入部を決めました。

　資金を稼ぐために始めたのは、ゴルフ場でのキャディーのアルバイトです。プレーに必要な基礎体力をつけ、判断力をみがくためにも最適の仕事でした。これだけでは不十分だったので、夜は宅配も行う居酒屋で働きました。厨房を手伝ったことで、からだによいメニューがわかるようになり、体調管理に役立ちました。

　競技にも真剣に取り組み、夢の実現に向けて、自分で考えて行動したことで身につけた精神的な強さは、だれにも負けません。

常に自分にしかできないことを考えて行動した

　私は常に、自分の存在が周囲にとってプラスでありたいと考え、行動してきました。そのため「自分にしかできないことは何か」に思いを巡らせ、それに全力で打ち込んできたのです。

　例えば、書店でのアルバイトです。SNSでレビューなどをチェックしたり、新聞各紙の書評欄に目を通し、紹介された本は

店頭のいちばん目立つ場所に並べるようにしました。新刊本は1つひとつ売れ行きをチェックし、店長に報告しました。

　郊外の小さな書店とあって、周囲の人からは「アルバイトがそこまでする必要はない」と言われましたが、小さなことであ

っても自分が役立つ存在でありたいと願い、それを続けました。その結果、店長からは感謝の言葉をいただきました。

　しかし、何よりもうれしかったのは、常連客からたびたび相談を受けるようになり、頼りにされていることを実感できたことです。

「頑張れば必ずできる」が行動指針です

　思いたったらすぐに行動に移せること、これが私の最大のセールスポイントです。疑問をそのままにしておけない性格で、解決のためにはどこまでも出かけて行く行動力もあります。

　友人たちとの間で、「M社のハンバーガーショップには、国別にオリジナルメニューがあるらしい」ということが話題になりました。私はそれが頭から離れず、インターネットで調べたり、アメリカ本社にメールで問い合わせたりしました。さらに、留学生や旅行者に会うたびにそのことを質問し、最後は海外の

M社のお店のホームページの質問コーナーなどに問い合わせて、10社ほどからお返事をいただきました。もし機会があれば現地に行きたいと今でも思っています。それらの情報を「M社のハンバーガーご当地メニュー」としてSNS上で公開したところ、たくさんの反響があり、新しい情報も寄せられました。頑張れば必ずできるし、得るものもある。これが私の行動指針です。

ここに気をつけよう！

●アルバイト体験をアピールする場合、より具体的に記述することで説得力のある文章になる。アルバイトが初めての社会体験という場合も多いので、労働に対する真摯な考え方や新鮮な発見などを表現するとよい。
●行動力をアピールする場合は、ただ無鉄砲なだけではダメ。きちんとした目的意識、計画性を前提とした行動力があることを示そう。

冷静に議論する能力があると自負しています

　私のいちばんのセールスポイントは、相手の意見を尊重しながら、自分の意見をきちんと発表できることです。大学入学と同時に弁論サークルに入り、さまざまな討論（ディベート）を経験しました。ディベートというと、相手を徹底的に打ち負かす場面を想像しがちですが、実際は相手の意見をよく聞くことが求められます。

　相手の意見を聞かずに、自分の意見を一方的にまくし立てても、相手や周囲の人の賛同はまったく得られません。弁論サークルの活動では、それを身をもって知りました。そして、仲間や後輩の協力、援助もあって、関東大会では２年連続でベスト４に残ることができました。

　相手の意見をよく聞き、自分の意見もきちんと話す。これは社会人として不可欠な姿勢だと考えていますし、貴社に入社しても社員として必ず役に立つものと確信しています。

その場の状況を判断する能力には自信がある

　冷静な判断力には自信があります。剛速球や多様な変化球がなくても、バッター心理や状況を的確に読み取ることで、大学野球部のエースピッチャーとして、勝利に貢献することができました。

　ツーアウト満塁、フルカウントでどんな球を投げるのか、これはそのときの状況次第です。相手の打者がその日どんなバッティングをしているのか、バッターボックスでどんな構えをしているのかなど、野球をする者なら当然のことですが、私はこの総合的な判断が他人よりうまかったのでしょう。こうしたピンチを何度も「頭」で切り抜けてきました。

また、野球だけではありません。ここ2年ほど試合開催が難しかったときも、キャプテンの右腕になったつもりで、チームの後輩や仲間たちの気持ちを読み取り、場を盛り上げてチームの結束を高めました。工夫や努力次第でマイナスをプラスに変えられる、と確信しています。これからも、冷静な判断力と前向きさで人生を切り開いていきたいと思っています。

接客マニュアルを自分で作成した

　私は日本料理の店で2年間アルバイトをしました。そのお店には接客のためのマニュアルがなく、アルバイトにはすべて口頭で店員教育をしていました。しかし、それでは指導する人によって内容が違ってきて、お客さまへの対応がまちまちになってしまいます。とくに、お客さまからのクレームについては、決まったマニュアルもなく、何かあったときはその場しのぎをしているという感じでした。

　アルバイトを始めて1年後に、私が新人アルバイトの教育を担当するようになり、以前の反省から、自発的に接客マニュアルの小冊子を作りました。8ページほどの簡単なものですが、とくに、クレーム発生のときには、すぐに「申し訳ございません。ただいま○○いたします」という受け答えをすることや、状況を見極めてただちに責任者に報告するなど、その日に入ったアルバイトでもきちんとした対応ができるように、工夫して作ったのです。

　このマニュアルが大好評でした。そのお店はチェーン店でほかにも8店舗あったのですが、他店でも私が作ったマニュアルが採用されました。思いついたら、何でも実行してみることが大事だと痛感した経験です。

「仕切り屋」が私の別名です

　親しい友人には、「仕切り屋」と呼ばれています。何か行動を起こすときには率先して、いつの間にか集団の先頭を走っていることが、よくあります。小学校時代のガキ大将だった経験が尾を引いているのかもしれませんが、大学のゼミ、サークル、中学・高校の同窓会の幹事など、知らないうちに、集団の中でのリーダー的役割を引き受けてしまうのです。「おまえに任せておけば安心だから」、「おまえだと仲間がまとまりやすい」などと言われると、つい引き受けてしまいます。そして、みんなの喜ぶ顔を想像しながら準備にかかります。

　幹事役の醍醐味は、参加したみんなの笑顔と、「ありがとう」というひと言です。感染予防を厳しく決める反面、出席者が楽しめる演出を考え、そしてみんなが心から喜んでくれているのがわかると、それまでの苦労などは吹き飛んでしまいます。

　一匹狼を気取っている友人が、「おまえから声をかけられると、出席しないわけにはいかない」と言ってくれたことがありました。社会に出ると、価値観の違ういろいろな人との出会いがあると思いますが、たくさんの人に喜びを与え、信頼される仕事をしたいと考えています。

Advice　　　　　　　　ここに気をつけよう！

●サークル活動やボランティア活動などでは、何をどうやって、どのような成果・評価があったのかを具体的に書くことが必要。
●ただし、何年間もボランティア活動を続けている、サークル活動で多くの人とふれ合ったなどというレベルではまったくアピール力がないので、より具体的なエピソードを盛り込み、臨場感を出す工夫をしたい。

英語劇のサークル活動でささやかな地域貢献

　私は好奇心旺盛で、１つのことに興味を持つと、そこからいろいろなことに挑戦してみたくなる性分です。大学では英文学を専攻していますが、授業だけでは飽きたらず、英語劇サークルを結成しました。

　このサークルも、ただ演じているだけではつまらないと、近隣の国際交流センターを訪ねて、外国の方のための日本案内のボランティアを開始しました。サークルのメンバーには、日本舞踊や茶道・華道の心得がある学生がいるので、１日日本文化教室のようなイベントを開催したり、簡単な日本語講座を開いたりしました。

　とくに喜ばれたのは、区報の翻訳やゴミ出しのルールなどの翻訳作業で、それまでは英語の説明がないので困っていたということでした。

　学生のサークル活動というと、どうしても「楽しければそれでよい」という、独りよがりで社会性のないものになりがちです。しかし、私たちのささやかな活動は地域貢献につながった

と評価され、センターから賞状と記念品をいただきました。今後も少しでも社会にプラスになる活動をしていきたいと思っています。

ここに気をつけよう！

●独りよがりの体験談や、単なる自己満足に終わらせないためにも、客観的な視点は不可欠。上記の場合、ただのサークル活動に終わらせない発展性と、生活に密着したささやかなボランティア活動でも、住民にとっては非常に役立つものだったという点が印象に残る。多くの学生が、似たりよったりの体験を記述すると予想されるため、「具体性」と「客観性」で勝負しよう。

性格や人柄、人間性

幅広い交友関係が財産です

　私は、だれに対しても相手の立場になって考え、優しく接することができます。それをくり返していれば、相手から頼りにされ、慕われるということを学生時代に知りました。

　「４２１」、これは、大学の３年間で私のアパートに遊びに来たり、リモートなどで、今でも親交を深めている友人たちの数です。相談相手になったり、勉強を教え合ったり、ささやかなホームパーティーや居酒屋での飲み会を開いたりしました。

　この「４２１」という数字の中には、さまざまな思い出が詰まっています。遠く関西や東北のテニスサークル仲間、先輩、後輩も、この数字の中に含まれています。ときにはケンカもありましたが、人間として魅力にあふれた人ばかりでした。今、この「４２１」人とも日常的に会えるようになり、ますます親交を深めています。これからも思いやりを忘れず、さらに人間関係の幅を広げたいと思います。

明るく快活、物事を前向きに考える性分です

　明朗快活で、そこにいるだけで周囲の人は楽しくなる。ひと言で言えば、私は「場を明るくする」人間です。

　昨年秋、私の所属するスペイン語研究会は部員が次々と去り、存亡の危機にさらされていました。たった３人でこれからどうするかを考えても、妙案はなかなか思い浮かびません。議論も出尽くしたとき、私は思い切ってこう言ったのです。「歌いに行こうよ」。ほかの２人は、きょとんとしたままでしたが、私はまた言いました。「楽しく歌おうよ。じめじめ考えてもいい考えは出ないよ」。

落ち込んでいた3人はその後、遅くまで歌い続け、翌日から
キャンパスで気持ちも新たに勧誘活動を始めました。明るく、
元気よく掲示板にビラを貼っていると、なんと、その場で1人
の新人を獲得できたのです。くよくよしていては、何事も進み
ません。それを改めて知ることができました。

世代を超えた交流を通して成長した私

　だれとでもすぐに打ち解け、仲よくなれることが私の長所で
す。大学に入ってから、私は小学生以下の子どもたちに野外活
動を教えるサークルで活動してきました。

　夏のキャンプや冬の合宿には、他大学のサークルからもメン
バーが駆けつけ、大きなイベントになります。その中で私は他
大学の仲間と活動内容を練り、子どもたちと一緒になって遊び
を続けながら、交流の輪を広げることの楽しさを心ゆくまで堪
能しました。

　社会人になれば、知らない人との多くの出会いが待っていま
す。「自分の世界を広げたい」「友だちを増やしたい」といつも
考えている私にとっては、それが何よりも楽しみです。サーク
ル活動が私を成長させてくれたように、社会人になってもさま
ざまな出会いによって成長し続けていきたいと思います。

ここに気をつけよう！

●職場の人間関係は、転職や早期退職のいちばんの原因になるほど、会社
員の生活における大きな要素である。とくに、日本の企業では「個性の
ある人材」を求めながらも、職場で浮いてしまうような人柄は敬遠する
のが実情。そこで、自己PRとしての「協調性」がクローズアップされ
る。上記の文例は、前半部分のみではやや子どもっぽい印象を与えてし
まいかねないが、後半の落とし込みで客観性を付加してバランスを取っ
ている。好人物の印象を与える文章は、サービス業などには最適。

「突っ込み」で人間関係を豊かにする

　大学の先輩から「突っ込みのしかた」を学んでから、私の人とのつきあい方は大きく変わりました。相手の細かいところまで観察し、よく理解していれば、それは人間関係を豊かにするユーモアになります。思わず突っ込みたくなるような、その人のおもしろさの向こう側に、長所を発見できるようになりました。また、相手を傷つけずに忠告することもできるようになりました。人間という同胞に対する「愛し方」を教えてもらった、といったほうがいいのかもしれません。

多様な価値観を受け入れる柔軟性があります

　私の長所は既成の概念にとらわれず、多くの価値観を受け入れることができる点です。

　中国語を学ぶために多くの中国人留学生と交流したのですが、驚かされたのが出会った多くの中国人たちの、価値観の多様性でした。自分の中で日本で培った考え方が次々に壊されていき、つらい思いもしましたが、一度壊されたことで外国の人たちの価値観や発想を吸収しやすくなりました。旧来のことにとらわれない自由な発想や、さまざまな角度から物を見ることができるようになったのです。

　これからは企業間の競争はますます激化していき、新しい発想ができる人間でないと生き残れない世の中になっていくでしょう。このことで身につけた、この多様な価値観を受け入れて生かす力を、貴社の新製品の開発やシステム作り、その他、さまざまな分野で役立てていけたらと願っています。

人間臭さやエネルギッシュなことが大好き

　私は何事にもとらわれることのない、自由な心を持って、独立独歩の人生をひたすら歩むことをポリシーとした、「単純、実直、頑固かつ素直」な人間です。

　あるときはボランティアのために、バイクで児童養護施設に駆けつけ、あるときは失恋に傷ついて、同じ境遇の友人と朝まで飲み明かすといった、めちゃくちゃなところもあります。しかし、公私の区別はつけ、やるときはきちんとやる、メリハリのきいた人間です。

　ときには崩れ、ときには背すじを伸ばし、ときには大笑いし、ときには大泣きする。そんな人間臭さがあり、熱くエネルギッシュなことに強くひかれます。

　　　　　　　　　　ここに気をつけよう！

- どんなに社会情勢が変わっても、企業は「やる気」や「情熱」がある人材を求める傾向が強い。業績が悪化しているような企業では、なおさら、逆境に強そうなエネルギーに満ちあふれた人材が欲しいと思うはず。自己中心的な印象を与えないように注意しながら、強くアピールしたいところ。
- その他の業種でも、とくに営業職では、ガッツのある人材、ちょっとやそっとのことではへこたれない人材を望んでいる。上記の文例は、夏目漱石の『坊っちゃん』を連想させるような、型破りのイメージを与え、何千枚とエントリーシートを読む採用担当者にも、強い印象を残しそう。ただし、場合によっては、わざとらしいとか芝居がかっているという理由で敬遠される可能性もある。自分が受験しようとしている企業の気質にマッチしているかどうか、じっくり検討することが必要。

人に信頼される性格です

　1つの事に熱中しすぎるきらいがあるものの、他人に惑わされず、多少の困難にもくじけない精神的な粘り強さを持っています。また、物事には優先順位をつけて、短期間で実現するように努力するため、「安心して物事を任せることができる」と周囲の人から言われます。

　社会人となってからもこの長所を伸ばして、人に好意を持たれる魅力のある、「あの人なら」という信頼感を抱かせる人間になりたいと思っています。

信頼関係を築くには努力を惜しまず

　「笑顔をふりまくマラソンランナー」のように、常に自分の可能性の限界に挑戦していく根気がある一方で、前向きな姿勢を持ち、周りを明るく活気ある雰囲気にすることも忘れません。それは、私が「自分自身の努力によって人々の喜びに貢献できる人間になりたい」と思っているからです。

　電話応対のアルバイトをしていた経験がありますが、そのときもお客様に何とか安心を与えたいという思いから、勤務時間外も自ら商品について勉強し、説明のしかたをノートに書いて検討しました。信頼関係を築くためには、私はいかなる努力も惜しみません。

コミュニケーション能力が大きな強み

POINT

　幼いころから、国内外含めて多くの場で生活してきた成育歴や、サークル活動で行った他校の学生とのディベート体験から、コミュニケーションというものを、深い意味で理解していると自負しています。ただ相手の話をきちんと聞き、自分の意見を伝えるだけでなく、最近では考えの違う相手を説得することもできるようになってきました。そんな自分の強みを、多くの人と接していく際に発揮していきたいと思います。

笑顔で理解し合える人間関係をめざして

POINT

POINT

　笑顔を見たい、笑顔でいたい。私のモットーは、「いつも笑顔と一緒に」です。高校から大学にかけて、私は障がい児入所施設でボランティアを続けてきました。生まれつき脳に障がいを持った子どもたちとはじめて接したときには、どうしたらいいのか、まったくわかりませんでした。しかし、今は子どもたちの表情がすべてわかります。うれしいときや楽しいときは、子どもたちも自然な笑顔を浮かべます。

　社会人になっても、そのような笑顔を分かち合える人間関係を、だれとでも築いていきたいと思っています。

Advice
ここに気をつけよう！

●文章を書くうえで、詰まってしまったときには、「モットー」という視点を利用するのも、効果的な方法。漠然と考えていては、なかなか書き進められないものだが、まず、自分の気持ちにしっくりくる「モットー」を1行目に書いてしまうと、それを説明するエピソードや自分の心理状態などが、スラスラ出てくることが多い。「人に優しく自分に厳しく」、「倒れるときでも前向きに」、「どんな粗末な頭でも自分の頭で考えろ」など、使えそうなモットーを考えておこう。

自己実現と他者の幸せの両立をめざして

　　自分の努力によって自己実現をめざすことと同時に、少しで
も多くの人の幸せのために貢献できる人生を過ごしたいと考え
ています。高校生のころに、自分がどう生きたいのかと考え始
めてから、何をするにしてもまず自分自身が納得していること
が大切であり、自分自身が心地よく感じるのと同様に、相手も
快いと感じる、いわば双方向の快適さが不可欠なのだという結
論に達したのです。

　　学生時代には、その信念を実践する場としてボランティア活
動をしてきました。そして、ますます人々の役に立ちたいとい
う気持ちが強くなりました。そのためには、もっと多くの人々
と積極的にコミュニケーションをはかる必要があると思ってい
ます。それによって人間関係や社会の仕組みを、机上の論では
なく実感として理解し、自分自身も成長していきたいのです。

　　ビジネスの場では、ボランティア活動と違った意味での、さ
まざまな課題があるだろうと思いますが、私のめざす人生の方
向に向かって精一杯努力していくつもりです。

Advice　　　　　　　　　　ここに気をつけよう！

●エントリーシートの中で、人生観を語るというのは非常に大切。結局の
ところ、エントリーシートの目的は、あなたという人物が、どんな人間
でどんな人生観を持っているのかを見極めることに尽きる、といっても
過言ではない。その人の人生観を聞けば、育ち方、性格、どんな行動を
取るだろうかというようなことまでが、透けて見えてしまう。

●注意したいのは、ネガティブな表現を使わないこと。とかく、人生を語
るという場合には、大げさな表現で、これまでの苦労や挫折を強調しが
ちだが、かえって評価を下げてしまう。謙虚に、まだ人生のスタートラ
インに立ったばかりだという自覚のもと、前向きさと情熱をアピールす
る、そんな文章を心がけよう。

温和な性格でグループ内の仲裁役に

　互いの性格などを話し合っているときに、友人から「きみは人の悪口を絶対に言わないね」と言われたことがあります。確かに、私は温和な性格なので人と争ったりするのが好きではありません。しかも、他人の欠点が見えたときでも、それでは自分はどうなのだろうと考えてしまうのです。自分自身、完璧な人間ではないので、他人の言動は自分自身を測る物差しにしたいと思っています。自分も同じように、ほめられない行いをしていないだろうか、あるいは彼を責めたりする資格が自分にあるのだろうかなどと考えます。

　所属しているフットサルのサークルでは、険悪な状態にあった友人2人の間に入って、お互いの言い分をただ聞いているだけで仲直りさせたという経験もあります。そのせいか、「○○サークルのオアシス」などというあだ名をもらったりしました。自分では、もう少し自己主張の強さがほしいと思いますが、友人は、「チームワークをよくするには、きみのように人のよいところを引き出せるタイプが必要とされているのだ」と言ってくれます。

おお！

協調性・チームワーク

自説にこだわらず、周囲の意見を聞く

「おまえは自分を捨てる勇気を持っている」、友人のこの言葉は、私にとって最大のほめ言葉だと思っています。ときには、自分が正しいと思ったことをすぐに行動に移して、失敗してしまうこともあります。

しかし、そんなとき周りの指摘に素直に耳を傾け、納得すれば自ら矯正しようと努力します。自分の考えや主張だけに執着しないのです。こうした適応力や集団性が買われてか、大学3年生になってからは50人の大所帯のテニスサークルの部長を任されました。

友人を大切にする心はだれにも負けない

私が他人に絶対負けないと思う自分の長所は、あきらめずに物事に取り組む根性、そして友だちを大切にする心です。これらは応援団に入ったこと、○○教授のゼミで学んだことで鍛えられたものです。

とくに大切にしたいと思っているのは、友だちを大切にする心です。時間を作っては、友人の悩みを聞いたり相談に乗ったりすることに力を注ぎ、「お前がいたから乗り越えられたよ」と言ってもらえました。ともに培った厚い信頼関係は大学卒業後も続いていくでしょう。

物流の世界は荷物を預けてくださる顧客と、仕事に携わる社員との信頼関係が最も重要かつ、根本ではないかと考えています。私が友情から芽生えた信頼感の重要性を認識していること

は、顧客からの信頼を得るうえで必ず役立つと信じています。

心を開いて積極的に人間関係を築く

　「人と積極的にかかわる」が私のモットーで、持ち味はその積極性に裏打ちされた「環境適応力」の高さです。

　父の仕事の都合で転勤が多かったため、さまざまな場所で過ごしてきた私は、短時間で周囲の人とうち解ける能力を身につけました。とくに「自ら率先して心を開き」「相手に対し素直に感謝の意を表す」ことを常に心がけています。

　とくに、子ども食堂でのボランティア活動などを通し、多くの子どもや親との交流を経て、再確認しました。

　ただ積極性が高じて、物事をはっきり言いすぎてしまうことがあります。しかし、いろいろな親を持つ子どもや、食堂を支える人たちのことを正確に理解できました。

ここに気をつけよう！

- ●自己ＰＲの文章は、1つの要素に限定して強調することが多いのだが、できれば上手に複数の長所を組み合わせながら、無理のない展開で書き進めたい。
- ●上記の文例は、積極性をアピールしながら、それが人間関係で役立っている、というニュアンスを上手に伝えている。また、後半部分では、積極性という長所と表裏一体の「はっきり言いすぎる」という欠点を認めながら、自分の信念をアピールしている。
- ●エントリーシートには、「長所と短所を同時に説明してください」とか、「あなたの強みと弱みは何ですか」といったように、両方の面から書き分けなくてはならないケースも目立つ。複合的に自分の性格を分析し、アピールのポイントをつかんでいれば、そのようなケースでも容易に記述することができる。ただし、まさに欠点という救いようのない短所は、たとえそれが真実であったとしても記述するのは避けたほうが無難。

ボランティア活動で身につけた協調性

　甥や姪と遊ぶようになってから、自分の子ども好きという一面を発見しました。それならと、1年のとき、子どもと接することができるボランティアサークルに入りました。

　活動の内容としては、家庭の事情で親と一緒に暮らせない子どもたちの施設を週1回訪問して、子どもたちと一緒に遊んだり、勉強を教えたりするものです。子どもたちのお姉さん、お兄さん役になってほしいということでした。

　最初は、気軽な気持ちで、遊び相手になればよいと考えていましたが、子どもの世界にもそれなりの序列があったり、ちょっとしたことが「えこひいき」のように取られたりと、難しい側面もありました。

　また、サークルのメンバー4、5人で訪問するために、全員のチームワークも重要になってきます。どうすれば子どもたちと上手に接することができるかなどについてのミーティングをし、みんなで連絡を取りあって活動をしてきました。それを通して、集団で効果的な活動を行うためのノウハウや心得などが、実感として理解できたように思います。

Advice　　　　　　　　　　　ここに気をつけよう！

　●社会人になって、最初に直面するのは、集団の中での一社員としてのポジション。大きな意味では、その企業という集団、さらには自分が配属になった職場という集団、そうした大小の集団の中で、自分自身がどうふるまっていけばよいのかが、新入社員にとっては大きな課題になる。当然、お山の大将のようなタイプでは、やっていけない。このため、エントリーシートでは、自分のそれまでの体験から、集団の中で上手に行動ができる人間であることをアピールするのは、非常に大切なポイント。
　●さらに、たとえ小さな集団であっても、その中でリーダーシップを取ったことがあるという体験は、評価につながる。ただし、その場合はあまり自慢めいて聞こえないような書き方を工夫することが大切。

合気道で自分の短所を克服

　私は本来、独立心が強い自主性に富んだ人間です。しかし、この性格はときに柔軟性のなさにつながりやすく、友人からもしばしばそう指摘されてきました。

　そこで、私は短所克服の意味も込めて、大学入学とともに合気道部に入りました。そこでのつらく苦しい稽古を通して培われた精神力、体力に加えて、武道を通して人間としてのあるべき姿を学び、倫理観、道徳などを身につけることができました。規律とともに「和」を尊ぶ世界であるため、協調性も養われました。人の意見のよいところを受け入れながら行動できるようになったと思っています。

チームワークの大切さを身をもって知った

　私は、体育会応援団の吹奏楽部員として活動を続けてきました。その中で最も大きな自信となったのは「チームワークを大切にすれば何事も達成できる」という真理を、体で理解したことです。リーダー、指揮者のもと、全部員が神経を集中させ、スキのない形を作るには、だれにも負けない練習と一人ひとりを思いやる気持ちが必要です。また、部活動を離れたときは、よき先輩として後輩たちの相談にものってきました。

　1つのことに一生懸命打ち込み、やりとげたときの達成感を仕事を通じて再び味わいたいと考えています。

できるところから始めることの大切さを体験

　私は、いろいろなやり方を考えて、できるところから着実に目的を達成させることができます。高校に入る前から英語に力を入れ、高校の第２外国語ではスペイン語を選択し、スペイン語圏への留学を夢見ていました。しかし高校１年の新春、新型コロナウイルスの世界的な大流行で留学ができなくなったので、高校２年の春休みにスペインへの２か月間のオンライン短期留学に参加しました。ところがネイティブの講師のため日本語が一切通じず、毎日予習に２時間かけました。それと並行して英語のスキルも保持するために、TOEICスコア550点から800点以上へ点数を上げることを目標に勉強を始めました。その結果、５月に受験したTOEICの試験で860点を取得でき、オンライン留学の最終会話テストに合格し、スペイン語で日常会話程度は話せるようになったのです。

　「海外に行くことが全てではない」。私は今までの自分の視野の狭さを実感しました。自己実現のための「答え」は１つではなく、ほかの方法でも叶えることができる。できることから始めることの大切さをこの経験を通して感じることができました。

ゼミをまとめる苦労の中で成長した

　２年後期の経営学のゼミで、「ベンチャー企業における経営者の資質について」というテーマで勉強しました。このときゼミ長となった経験が、私に協調性の何たるかを教えてくれました。
　ゼミのメンバーで、積極的ではない学生がいたのですが、彼を排除するのではなく、いかにして取り込み、やる気を出してもらうかに心を砕きました。欠席が続いたときには、積極的に働きかけて意見を聞き、次第に彼の長所を発見するようになっ

たので、討論の場で上手に彼の意見を引き出すことができました。このため、後半にはゼミで活発な意見が交わされるようになり、彼もやる気になってくれて経営者への取材活動を自発的に行ったりしていました。最初はゼミの足を引っ張るのではないかと、内心心配していたのに、むしろ彼を中心にゼミに活気が出てきたほどでした。

研究発表の仕上がりに関して、担当教授にも高く評価してもらえましたし、集団の中で人の意見に耳を傾け、それを全体にフィードバックしていくことの大切さも学びました。

自己主張と協調性を両立させる

私は、「協調性のある自己主張」ができます。もともとは、自分が正しいと思ったこと、よいと思ったことにこだわり、絶対に曲げないタイプでした。

しかし、高校生のとき、いくら自分が正しいと信じていても、それを認めてもらえなければ意味がないことに気づいたのです。自分の意見を主張しようと強く思うときほど、逆に相手の話をじっくりと聞かなければいけない、と思うようになりました。それ以来、相手の意見を聞いて理解し、それを尊重しながらも、自分の考え方との相違点は何か、また違っていても共感できる点はどこかなどを考えるようにしてきました。

このような態度を心がけるようになってから、立場や考え方がまったく異なる相手とも、よい友人になれることが多々ありました。仕事においても、お互いの意見を尊重することで、よりよい企画を生み出したいと考えています。

こう書く！自己PR 意志の強さ・粘り強さ・積極性

自分を極限状態に置いて見つめ直した

「自分を知ること」。それが私の学生生活のテーマでした。人間は極端な状況下で本質が表れると考え、「1年生のときにタイで1週間、5000円だけで旅行する」「スマートフォンの電源を2週間切り、孤独の中で自分はどうなるか」などの実験をしました。

その結果、自分がいかに人に支えられて生きてきたかに気づくことができました。さらに、環境の変化に耐えきれたことで、自分に対する自信もわきあがってきました。弱者に対する思いやりや、人への感謝の気持ちも強くなりました。こうした経験は、キャンパスの中だけでは、なかなか得られません。自分を見つめ直す時間は、貴重な体験でした。社会人になっても、常に「これでいいのか」と自問する姿勢を忘れないようにしたいと思っています。

Advice　　　　　　　　　ここに気をつけよう！

- エントリーシートの自己PRで、最も多いのが「粘り強さ」。それだけに、生半可な体験やエピソードでは、まったく目立たないといえる。「どこかで読んだような文章だ」という印象を与えてしまう危険性が、最も高い。しかし、あまりにも細かい描写で粘り強さを強調してしまうと、人格的に問題があるのでは、柔軟性に欠けるのでは、とマイナス評価されるおそれがある。
- 上記の例のように、少々ユニークな試みをしてみました、というような個性的なエピソードなら、好感を持たれるだろう。粘り強さを意志の強さにつなげて語ることが、ポイントといえる。また、粘り強さのなかに明るさを感じさせたり、「笑える」要素を入れることが必要。

いったん始めたら、とことん貫く

　私の最大のセールスポイントは「粘り強い性格」です。いったん始めたことは簡単に投げ出したりしません。その1つは、ラジオ英会話です。中学校2年の春から現在まで、およそ8年間、帰省や旅行などの一時期を除き、毎朝ラジオ英会話を聞き、英会話力を磨いてきました。友人たちと夜遅くまで騒いだ翌朝などは、正直言ってかなりつらかったですが、不思議と朝になると、ラジオの前でテキストを開いているのです。

　こうした地道な努力が実ったせいか、私は外国人と会っても気後れすることがまったくありません。「あれだけ努力したのだから英語は話せる」という自信が、そうさせているのだと思います。社会人になっても、この放送は毎朝聞き続けるつもりです。

最後までやり抜く！　をポリシーに

　目的を達成するために頑張り抜く意志の強さ、これが私の性格であり、誇りです。大学で所属している演劇同好会では、副

幹事として、台本の管理から製本、外部との折衝をこなしてきました。作業量のあまりの多さに、遅くまで学校に残ることも日常茶飯事で、自宅で徹夜をすることもたびたびでした。思わず弱音をはきそうになったことも一度や二度ではありません。

　しかし、最後までやり抜くことができるのは、みんなの期待に応えたい、いったん始めたことを途中で投げ出したくないと強く思っているからです。満員の客席を舞台のそでから眺めるとき、つらかった日々のことは、一瞬に吹き飛んでしまいます。

一期一会の精神で、出会いは真剣勝負

　周りを巻き込むほどの集中力と、前向きな姿勢が私にはあります。それはアルバイトでのイベントの司会、弁論部での活動などで培われたものです。人と接し、話す活動に取り組んできたなかで、まずは相手が求めていることを集中して聞くことの大切さを理解しました。相手の状況に合わせた対応、言葉の細部にも注意を払うという真剣な態度は、相手の態度すら変化させてくれるものです。

　私は、さまざまな機会で一瞬の出会いの大切さを痛感しました。一期一会の精神で、これからも人と接していきたいと考えています。

継続した努力ができるのが強みです

　集中力が私の最大の強みです。中学生のころから始めたギターだけでは飽き足らず、今では世界中の弦楽器をできるだけマスターしようと練習する日々です。バイオリン、マンドリン、チャランゴなどの基本的な奏法はマスターしました。

　楽器をマスターするためには、音楽センスに加え、根気が求められます。私はその楽器を自分のものにするまでは、寝るとき、食べるとき以外は何時間でも練習するほど熱中してしまいます。この集中力は、どんな分野でも必ず生かせるものと思っています。

目標に向かって突き進む粘り強さが身上です

　私の誇りは、目標を達成する力です。高校時代から1か月の短期留学に参加したり、学生時代は英語劇サークルに参加し、夢の実現に向けて一歩一歩、階段を上っていきました。

　大学2年の秋から1年間、休学してアメリカの大学に留学することができました。

　ただし、アメリカでは挫折も味わいました。授業についていけず、語学力のなさを痛感したからです。しかし、それを克服するため、教授のもとに何度も足を運び、学生同士の交流も深めました。結果として、最後には「成績優秀者」の評価をいただきましたが、その評価よりも目標に向かって頑張ることの大切さを知ったことが、私の最大の財産になりました。

　社会人となってもこの強みと語学力にさらに磨きをかけ、一人でも多くのお客さまに満足していただけるよう、力を注ぎたいと思っています。

Advice　　　　　　　　　　　　　　ここに気をつけよう！

- ●「粘り強さ」を言い換えると、「根性」という表現にも通じるものがある。スポーツを続けてきた人などは、その意味で体験を書きやすいと思うが、それ以外の人は少々工夫を凝らすことが必要になる。
- ●上記の文例では、留学体験をメインに記述しているが、それだけでは平凡に終わってしまう。ここで、光っているのは、「挫折」体験である。挫折があるからこそ、その後の努力が粘り強さ、あきらめないガッツを対照的に浮かび上がらせている。
- ●募金活動の体験で、無視されても、雨の日も風の日も街頭に立ち続けたとか、家庭教師をしていて、言うことを聞かず勉強が苦手な子どもと1年間付き合って、中学受験で合格させたなどの体験もよい。

フランス語ではだれにも負けない！

　大学入学時、フランス文学科ということもあり、「だれにも
負けないフランス語力を身につける」と心に決めていました。
クラスには帰国子女も多く、フランス語を母国語のように操る
ことができる同級生もいましたが、自分なりの努力で、追いつ
け、追い越せと頑張りました。

　１、２年は、大学の授業のほかに語学学校に週３日通うダブ
ルスクール生活をし、３年になってからはフランス人の友人と
交換学習を始めました。

　２年の夏休みには、フランスに３週間の短期留学をして、実
践フランス語会話にも挑戦しました。こうした努力を積み重ね
たおかげで、実用フランス語技能検定試験２級に合格すること
ができたのです。「だれにも負けない」という当初の目的は、
どうにか達成できたように思います。

　自分で決めた目標に向かって、このように努力してきました
が、これで終わるのではなく、今後もさらにレベルアップを図
って、検定試験１級合格や同時通訳の資格を取得するなど、新
たな目標を設定し、前進していきたいと思っています。

*A*dvice　　　　　　　　　　　　ここに気をつけよう！

- ●自己ＰＲでは、「○○ができます」という表現だけでは、まったく印象
に残らない。何かができるようになるまでに、どのように計画を立て、
どんな努力を積み重ねてきたのかという、具体的な説明が不可欠。それ
も、「ふ～ん」と感心されるくらいの努力の積み重ねがほしいところ。
とりたてて努力はしなかったけれど、資格は取れた、というストーリー
では迫力に欠ける。
- ●やはり、さまざまな困難やハードルはあったけれど、努力でここまで到
達したという展開が望ましい。さらに、その段階で満足しきっているの
ではなく、今後の課題を示して、もっと前に進んでいこうという気概が
あるのだというアピールをすると、好感度が高い。

目標を掲げて、着実に実現に向けた努力をしてきました

　何事に対しても、こうと決めたら脇目もふらず、コツコツと努力を積み重ねていくのが、私の長所だと思っています。子どものときから、目標を立てて実行・達成するというプロセスが好きでした。子ども心にも、努力の後の「達成感」がいかに素晴らしいものかわかっていたのだろうと思います。負けず嫌いという性格も、大いに作用してはいますが。

　例えば、小学6年生のときに珠算能力検定試験で1級を取りましたが、実は一度落ちてしまったのです。落ちたときの悔しさをバネにして、毎日30分そろばんの練習を日課に取り入れることに決め、実行しました。中学生のころは卓球部に入部し、最初は同級生の中では最もヘタだったのですが、「3年までにレギュラーになって、市の大会で入賞する」という目標を掲げました。3年間ほとんど休まずに部活動に参加し、2年のときにレギュラーとなり、3年のときには市の大会で2位に入賞しました。高校、大学では、バドミントン部に所属して、私立大学連盟の大会で2年連続の3位入賞を果たしました。初志貫徹をモットーに、社会に出てからも頑張りたいと思います。

浪人生活で得た、意志力と粘り強さ

　どうしても第一志望の大学に行って、マーケティングを勉強したかったので、1年浪人して受験勉強をやり直しました。いまどき、1年くらい浪人するのは普通だという考え方もありますが、私の場合は、親にもあまりいい顔をされませんでした。現役のときに6校受験して2校は受かっていたからです。

　合格した大学で本当に学びたいのか、後悔はしないのか、私なりにじっくりと考えて出した結論なので、自分自身は納得した浪人生活のはずでした。それでも、1年間のうちには弱気になって、なぜあのとき、受かっていた大学に進まなかったのだろうと思うこともありました。浪人したからといって、翌年絶対合格する保証は何もないのですから。しかし、弱気になる自分を叱り、一度しかない自分の人生を自分で切り開いてやろうと思いました。

　予備校では、苦手な英語の授業を集中的に受講するように心がけたり、できる限りの努力をしました。「だれに頼まれたのでもない、自分で決めて浪人したのだ」というプライドで、翌年は志望校にパスしました。あの1年間の経験は、私の中で大きな財産となっています。

190

英語力をつけるために努力を継続した

　大学1年の夏休み、カリフォルニアで3か月間ホームステイしたのですが、多少はできると思い込んでいた英語が、現地では使いものにならなかったので、少なからずショックを受けました。それをきっかけに、日本に戻ってから英語の勉強を続けようと決心しました。語学学校に通うには、費用がかかりすぎるので、最も安上がりなラジオの英語講座を始めました。

　毎晩、9時45分から15分間、何があってもラジオの前で聴講を続けました。毎日のこととなると、怠け心がおきそうになるのですが、一度さぼってしまうと今まで続けてきたことがむだになるような気がして、頑張って続けました。

　ラジオでの勉強などに、最初はあまり期待していなかったのですが、まさに「継続は力なり」で、1年を過ぎるころからリスニングに大きな進歩がありました。英語のフレーズが自然に耳に入ってきて、しかも意味が理解できるのです。こうなると、学習にも欲が出て、とうとう2年半の間1日も欠かさずにラジオを聞き続けました。昨年実用英語技能検定の準1級に合格したので、今年は1級に挑戦する予定です。

Advice ここに気をつけよう！

● 粘り強さをアピールするには、たとえどんな内容でも、最低1年間以上は続けたい。できれば、3年間くらい継続していると、かなり根性があると思ってもらえる。まさに、「石の上にも3年」で、職場が期待や思い込みと異なっていたとしても、3年くらいは頑張ってくれそうな人材が望ましいからである。とくに、最近の傾向では入社して1年足らずで辞めてしまう新入社員が少なくないため、腰を据えて仕事をしようと考えているアピールは大切。具体的な成果を記述するのも忘れないように。

● 上記の文例ではリスニング能力が飛躍的に進歩したことを挙げているが、謙虚な表現で好感が持てる。粘り強い長所を強調したいあまりに、成果を強調しすぎると自慢めいた印象になるので、注意が必要。

こうと決めたら粘り強く前進

　私は、授業の都合によって居酒屋のアルバイトを断念せざるを得なくなりました。そんなとき、掃除をしていたら、私が大学入学したての頃に花屋さんで働きたくて履歴書用にと撮影した証明写真が出てきました。そのときは、学生は募集していないという理由で断られましたが、たまたま授業と重ならないことがわかりました。そこで、これはチャンスなのではと思い、10店舗以上は応募しましたが、面接の連絡が来ません。それでも諦めきれなかったので、直接店舗に足を運び、突然の来訪をお詫びしつつ、花屋さんでアルバイトしたいことを熱心に説明し面接だけでもお願いできないかと相談したところ、「そこまで熱心に花屋をやりたいという学生さんは珍しいね」と笑って、短期の採用を許してくれました。

　しかし、好きとはいっても花の知識はほかの人たちよりもなく、最初はお客様の質問に何ひとつ答えられませんでした。花を職業にしているような真剣な人たちと同じ空間に立っているのに、何もできない自分が恥ずかしく、そこからは1つ1つ猛勉強しました。その結果、晴れて長期バイトとして再採用され、短時間でも店を1人で任されるようにもなりました。

　たしかに甘い考えをしてしまうことはありますが、こうと決めたら粘り強く前進するところが、私にはあると思います。貴社のお客様を短期間で劇的に増やすことは、私にはできません。ですが、決して離れることのないお客様を粘り強く増やしていく、そんなことが私にはできます。

ここに気をつけよう！

- 粘り強さのアピールは「強引」「独りよがり」という印象も与えかねない諸刃の剣です。
- 上記の文例では、自分がこうと決めたら粘り強く前進していき、こつこつと努力を重ねて周囲からも認められていく、その過程が客観的につづられているので、相手に好印象を与えます。

長所と短所を自己分析

気が長い長所と涙もろい短所が同居

　私の性格をひと言でいえば、とても気が長いということです。それは、学生生活で最も力を注いだオーケストラ部の活動の中で培われたものです。入部してくるのはほとんどが楽器初心者ですから、先輩が手取り足取り指導していかなければなりません。週2回の活動日に加え何度かの合宿を経て、年度末に演奏会を開くに至る間、演奏だけでなくプライベートな面でも接していきます。正直なところ、素直に向上しようという人ばかりではありません。<u>言い訳にじっと耳を傾け、ときには優しく、</u>

<u>ときには厳しく接しながら、辛抱強く上達を見守るようにしています。</u>

　短所は、涙もろいことです。悲しいときだけでなく、感動したときやうれしいときにも、すぐ涙が出てしまいます。いい音楽や映画、小説に出会えたときの涙はよいのですが、<u>自分の感</u>

<u>情をもっとコントロールできるようにならなければと、常に努力しています。</u>

Advice
ここに気をつけよう！

- 性格をアピールする場合、ただ単に「○○です」と書くだけではダメ。その性格を、見事に象徴するようなエピソードを紹介して、なるほど○○な人柄だ、というように説得力のある表現を工夫しよう。とくに、最近の出題傾向で多いのが、長所と短所を同時に書き分けるというものだが、1つのエピソードでこれをこなすのは至難の業。自分の過去の経験を振り返って、使えそうな思い出をピックアップしておこう。
- 短所を書く場合には、細心の注意が必要。本音をそのまま書いてしまって、全体的な評価を下げることがないよう気をつけよう。短所とはいえ、微笑ましい程度のものが無難。

弱そうに見えて芯が強い

　弱そうに見えて、本当は強い人間です。友人にはよく「柳のようだ」と言われますが、見た目が細身でおとなしそうだからだと思っています。

　第一印象と違って、実際にはスポーツが好きで、なかでも卓球が得意です。どんな球でも拾っていく、という卓球選手ならではの粘り強さと、多少のことではくじけない打たれ強さには、自信があります。柳のようなのは外見だけではなく、柔軟な考え方ができる内面だと思っています。

　しかし、社会人として、第一印象が「弱そう」なのは問題なので、克服しなければなりません。信頼を持たれる話し方や立ち居振る舞いを身につけて、頼りにされる存在になりたいと思います。

多面的なとらえ方ができるが考えすぎることも

　物事を正面からだけでなく、後ろや横から見ると、形が変わって見えることはよくあります。そういう多面的なとらえ方ができるのが、私の長所だと思っています。

　一見あまりよくないと感じられるものも、違った見方をすれば、個性的だと思えることがあります。そうすれば、それを生かす方法も探せるはずです。もちろん、一見よさそうなものの問題点を見つけることも必要でしょう。

　しかし、こういう私の長所も、同様に見方を変えると、あれこれ考えすぎて効率的でない、という短所にもなることがあるかもしれません。

状況把握力はあるが主体性に弱点が

　3人姉妹の末っ子として育ったことが、自分の性格形成に大きな影響を与えていると思います。常に姉2人の行動を見てきたので、要領のよいところがありました。たとえば、「姉のおねだりのしかたは成功したからまねしよう」とか「あの交渉の進め方はまずいから、私は違う方法でアタックしよう」などと、あらかじめ冷静に対策を立てていたのです。ですから、**状況把握力のあるところが、長所だと思います。また、自分より年上の人に囲まれて育ったので、人の話を素直に聞き、受け入れることができます。**

　反対に、自分が先頭に立って考え、行動するという主体性が、やや欠けているかもしれません。社会に出たら、まず上司や先輩の言動から多くを学びながら、積極性や行動力を身につけていきたいと思います。

Advice
ここに気をつけよう！

- ●長所と短所は表裏一体という視点から、1つの性格を2つに書き分けるという手法もある。
- ●左記の文例は、多面的なとらえ方ができる性格がある面では長所だが、場合によっては短所になるかもしれないことを、客観的に分析して説明している。
- ●粘り強いという性格も、我慢強いという長所としつこい（執念深い）という短所の表裏一体だと考えることができる。ある意味で同一の性格を、何通りの別の表現で言い換えることができるか、といういわば知的ゲームの要素がある。いろいろな組み合わせを考えてみよう。
- ●自分で長所だと思っていた点が、他人の目から見たら短所以外の何ものでもなかったというケース（あるいはその逆）も、十分にあり得るので、家族や友人などに、あなたの性格の長所と短所がどう映っているのかを聞いてみるのもよい。

文章は得意だが、会話が苦手

　正直なところ、私は人と話をするのが苦手です。とくに、初対面の人とは、何を話題にしていいかわからなくなってしまいます。これが私の最大の弱点です。話をしなければ、と思えば思うほど焦って沈黙が続いてしまい、相手が「この人は何を考えているのかわからない」と思っているだろう、と考えると、上がってますます話ができなくなります。

　しかし、表現方法が文章となれば、私の得意とするところです。文章でなら、自分の気持ちを素直に表すことができます。だから私は手紙をよく書きます。直接的な会話でのコミュニケーションは苦手でも、手書きの手紙であれば文字や文章から素直に自分の気持ちを伝えることができるからです。

　社会人になったら、「書く」ときのようにスムーズに話せるようになる努力をして、自分の意見をきちんと伝えられるようにしたいと思います。

好奇心と行動力の反面、こだわりすぎる短所も

　私は好奇心の固まりです。同時に、行動力のある人間であると思います。大学1年のときには、アメリカのカントリーミュージックに熱中して、その歴史を調べようとアメリカへ行ってしまったほどです。カントリーミュージックの大御所ともいえる、著名なミュージシャンを訪ねたりもしました。そのための資金集めなど、計画的に物事を進める一面もあります。

　ただしその反面、1つのことにこだわりすぎることが短所で、好奇心の幅を広げなくてはと思っています。

慎重さと積極性のバランスをとれるようになった

私は従来、物事を慎重に考えて行動するというタイプでしたが、それが災いし、考え込みすぎて自分を主張できず、行動がなかなか起こせないという側面もありました。しかし、大学で弁論部に入り、ディベートの勉強をしたおかげで、論理的にものを考え、話す力が身につきました。

弁論部の活動で痛感したのは、物事を筋道を立てて考えることで、頭の中が整理でき、優先順位がはっきりしてくることです。思えば、私が自己主張が苦手だったのも、論理的に考えるノウハウがわからなかったために、物事の順序がごちゃごちゃになり、どう行動していいかわからなかったからでした。

コツがつかめた今ではすっかり人前で話すことが好きになり、慎重に考えつつ、積極的な行動をとることができるようになりました。それどころか「会話術」について興味を持ち、自分の意見をいかに説得力を持って相手に伝えるかを研究しています。この会話の技術を駆使して、営業の分野で活躍できればと考えています。

Advice　　　　ここに気をつけよう！

●長所と短所は、いつも同時に存在しているとは限らないので、上記の文例のようにタイムラグを伴っていてもかまわない。どちらかといえば、短所に近いものだったのが、大学生活を経てプラスαによって長所に変換されたというもの。これも、具体的なエピソードによって、説得力が増すので、文例のようにかなり細かく具体的に説明していくとよい。

●上の文例の後半部分では仕事の内容に結びつけて、アピールしている。この文例では無理なく文章が流れているのでよいが、ときどき、かなり苦しい展開で強引に仕事の内容に結びつけているような書き方も見かける。性格そのものが、明確に表現できていれば、無理に職種に結びつけるような記述がなくても、読み手のほうが「それなら、営業に向いているだろう」と察してくれる。強引な売り込みは、マイナスの印象に。

負けず嫌いで涙もろい人情家です

下町育ちの私は、小さいころから「負けん気」を自慢にするような女の子でした。年上の兄にくらいついていったので、家族からも「○○は頼もしい」と言われて育ち、負けん気な性格が余計に助長されたようです。学生時代も「男子に負けない」をモットーに過ごしてきました。高校以降、体力や腕力では負けても、学業では勝ちたいと思って努力し、大学でも成績上位者として表彰されました。

そんな私の弱点は、「涙もろい」ことです。人情話にはことのほか弱くて、テレビドラマや映画など、作り話だとわかっていても、涙が止まらなくなってしまいます。また、正義感が強く、困っている人を見ると、ほうっておけません。道を聞かれて目的地まで案内することは日常茶飯事ですし、電車の中でお年寄りが立っていれば、前に座って居眠りしている人を起こして、席を譲らせます。酔っぱらいにからまれている女性を助けたこともあります。友人には、「あまりやりすぎると、自分が危険な目にあうよ」と忠告されますが、見て見ぬふりをする大人にだけはなりたくない、と思っています。

直情径行と素直さが私の持ち味です

私の強みは「素直さ」だと思っています。反対に、思ったことをすぐ行動に移してしまう直情径行型である点が、多くの場合に弱みになっています。これを改善するために、社会に出てからは、もう少し慎重に考えて行動するようにしていかなければならないと肝に銘じています。ただ、強みである「素直さ」

が、私の「直情径行」を救ってくれることもしばしばあります。

　自分の失敗や欠点を指摘されると、たとえわかっていてもなかなか納得しにくいものですが、私の場合には、それを後輩から言われても腹を立てたりしたことがありません。自分が直情径行型だとわかっているせいかもしれませんが、だれに忠告されても、「そうだったか」、「そういう考え方、やり方もあったんだ」と素直に思えます。行動に移す前に、タイミングよくアドバイスしてもらったりすると、本当にありがたいと、心から感謝できます。

　そして、自分の間違いがわかったときには、すぐ謝罪して状況を挽回する努力をします。謝るという行為は、プライドを捨てないとできないものですが、遅くなればなるほどしづらいことなので、自分は非を認めたらすぐに素直に謝ることを心がけています。

現実をふまえた完璧主義をめざしたい

　ひと言で自分を表現するのは難しいのですが、あえて言うなら「完璧主義」が、最も私の性格を表す言葉だと思います。自分自身についても、学業や仕事についても、「こうでなければ」という理想があり、それに近づくために努力をすることが大事だと考えています。友人には、「その几帳面さには感心するけど、効率のよさも考えないと」と言われています。

　このままでは社会のスピードについていけないとしたら、それは弱みになってしまうでしょう。理想をめざして努力しながらも、現実とのバランスをとることが課題です。

慎重さとおっちょこちょいとが同居しています

目標を定め、計画を立て、合理的に、なるべく短期に実現する努力をします。おっちょこちょいなところ、また心配性な面はありますが、その分事前によく考え、情報を収集しています。

基本的には納得したうえで判断し、最終的には開き直ることのできるタイプです。

ただし、ときどき完璧さを追求して悩んでしまったり、その分視野が狭くなっていることに気づくことがあります。今後は、仕事を通して多くの経験を積むことにより、視野を広げ、ゆとりを持って物事をこなせるようにしたいと考えています。

前向きな姿勢とやせ我慢が同居しています

私の長所は、一度決めたらとことん努力して物事に取り組むという姿勢だと思っています。いったんこうしようと考えたら、生半可なことで、その意志を翻したりするのは恥だと考えています。

しかし、ときにはそのために、やせ我慢をしてしまうこともあります。単独行動のときには、自分だけが苦労することになるのでまだよいのですが、集団行動の場合には、自分の片意地のためにグループ全体に迷惑をかけてしまう危険性もあり、それが短所になっていると思います。今後は自分の限界を常に認識しながら、全体の中でバランスの取れた行動ができるように努力していくつもりです。

5章

大学生活で得たものを語るポイントはこれだ！

■書き方実例
学業を通して得たもの
部活動・サークル活動で得たもの
ボランティア活動で得たもの
アルバイトで得たもの
留学・旅行で得たもの
趣味を通して得たもの
人間関係で得たもの

学業を通して得たもの

「大学時代に何を得たか」という設問では、やはり学生らしく学業を通して得たものについての記述が一般的になるでしょう。そこで大切なのは、何を学んだかということだけでなく、それがあなた自身にどんな影響を及ぼしたかということです。以下の文例は、学問を学びながら社会問題に対して、自分自身がどのように対峙すべきかを真剣に考えたことが伝わり、誠実さや思慮深さなどの長所をアピールしています。

★ 少年犯罪と少年法改正について深く考えた ★

少年法が2022年4月に改正されました。「人を殺したのだから、少年でも厳しく処罰すべきだ」との主張が目立っています。しかし、未成熟な少年を一律に罰することに、私は疑問を持っています。専門課程のゼミでは、現実の社会の中で法律がどのように機能しているかに焦点を合わせて学び、とくに少年法改正について詳しく研究し、議論してきました。

確かに、犯罪被害者へのケアという面では現行少年法はまだ多くの矛盾を持っています。少年の更生という理念を守りながらどう現実的な対応をしていくか、感情に流されず、冷静かつ複眼的に対処することが求められていると思います。

自分と年齢が近い少年犯罪と少年法をテーマにしたために、法律そのものが自分にとっても非常に身近なものに感じられる反面、法律を学ぶことは自分自身の魂が試されることでもあると実感しました。

★ マーケティングに強い関心を持って学んだ ★

　ゼミで企業会計学を学びました。財務管理が中心でしたが、会社の経営分析を徹底的に行いました。その中で強く感じたのが、伸びる会社は常に消費者を意識し、マーケティングに力を注いでいることでした。そして、マーケティングはただモノやサービスを売りつけるための手法ではなく、いわば経営哲学の具体化した表現だとわかりました。自分の浅薄な先入観が思いっきり覆され、新鮮な興味と関心を持って学ぶことができました。

　それまで漫然と見ていたテレビCMや新聞、雑誌の広告なども、違う視点で吟味するようになったことは、今後社会人として仕事をしていくうえでも財産になるはずと自負しています。

★ 女性学のゼミで問題意識が芽生えた ★

　2年生のときのゼミで女性学を学んで以来、このテーマを独自に研究しています。とくに現在、興味を持って研究しているのは女性の年金問題です。夫が会社員や公務員の場合、専業主婦本人に保険料負担がないという現状は、女性が家庭に押し込められてきた歴史の象徴だと考えています。配偶者控除の今後の動向にも注目しています。

　また、年金や税金の問題だけにとどまらず、広く女性の自立や男女共生社会のあり方に目を向けるようになりました。私自身、社会に出て責任を持って働こうとしているので、身近なテーマとして今後も勉強していくつもりです。

★ 未来の日韓関係を築く一人になりたい ★

　政治史のゼミで日韓関係を学んだことをきっかけとして、韓国に興味を持ちました。日韓のオンライン留学で韓国の学生と交流を深める中で、これからの日韓のパートナーシップのあり方を考えてきました。留学生たちとは今も連絡を取り合い、意見交換をしています。

　現在の韓国の若者の間には、それほど強い日本への憎悪はないようで、スポーツや人気のドラマ、映画の話題などで盛り上がったりしました。ドラマやK－POPの人気ですっかり身近になった韓国文化ですが、学生たちと接することで私にとっても非常に親近感を覚える国となり、ハングルも学び始めました。

　私たちのような若い世代がもっと両国の歴史を学習して、政治的な問題を解決し、率直に付き合える未来を築かなくてはいけないと痛感しています。

★ 経営学のゼミで視野が広がった ★

　2年のときに取った経営学のゼミで、経営管理について学びました。教授の方針で、歴史学や社会学からの考察も含めて多角的に研究したことが私の視野を広げてくれました。フィールドワークでは、学生自身で探し出してきたユニークな経営者の話を聞き、その会社の経営分析をしました。

　資料の分析だけで終わらない現実的な研究活動が展開でき、理解がいっそう深まりました。教授の「経営は戦略と思われているが、結局は経営者とその下で働く者の人間性が反映される」という言葉が強く心に残っています。

★ ゼミで客観的な視点を養うことができた★

POINT　「芸術の表現方法」をテーマに、ゼミで研究を進めています。「文学作品とアニメーションの比較」が私自身のテーマで、宮沢賢治の『銀河鉄道の夜』と、これを原作としたアニメーションを題材としました。キャラクターの表情、色の使い方などを検討し、原作がどう解釈されているか、私の問題提起を受けてゼミで討論しました。

POINT　作品に対する好みは個人的なものですが、それを超越したところで表現技術のあり方を論じ、客観的視点を養うことができました。

★ 身近な問題を追求して達成感を得た★

POINT　憲法改正論議について自分なりの問題意識を持ちたいと考え、憲法について研究するゼミに入りました。そこで気づいたのは、自分も含めて多くの日本人が、日本国憲法の詳しい内容をあまり知らないのではないかということでした。

　これでは憲法改正に対する自分の立場を明確にできないと思い、まず憲法を前文からじっくりと読んでいくことにしました。何の先入観もない状態で自分の中に憲法を吸収する作業はおもしろく、新鮮な発見がありました。ある程度学習を深めてからは、広島や長崎の被爆者を訪問し、憲法制定時から現在に至るまでの考えを聞きました。その研究成果は大学祭の場で発表し、高い評価とともに大きな達成感を得ました。

　私たちのまわりには、「知っているようで知らないこと」が、ほかにも数多くあると思います。今後も身近な問題に関心を持ち、社会全体の向上に貢献できる人間をめざしていきます。

★ ゼミのコーディネーターとして活躍した ★

大学生活を通じてEUの政治制度と、民主主義のあり方について研究してきました。政治の知識を学び、論文「ＥＵ神殿の構築」も完成させましたが、それだけではなく、小規模ながらゼミという組織の運営の難しさとともに、おもしろさも学ぶことができました。

文化祭でのゼミの研究発表では、優秀賞を受賞しましたが、コーディネーターとしての役割を受け持ったことで、集団活動を通じて仕事の分担や効率的な進め方などについても大いに得るものがありました。

★ 教育実習での生徒の感想に、教師のやりがいを感じた ★

「授業はドラマを作るつもりでやりなさい」。母校（高校）に教育実習に行く直前、恩師から言われた言葉です。講義の中でも、そのノウハウを教えていただきました。教科は「倫理」で、ソクラテスからアリストテレスまでを教えることにしました。教科書どおりの授業はしたくなかったので、プラトンのイデア論を教えるのに、アイドルの名前を出して例えるなど、興味をひくように学習指導案を考えました。どこでジョークを飛ばすかまで、前もって考えたりもしました。

また、３クラス担当したので、同じジョークは避けることまで心がけ、本番に臨みました。退屈の代名詞のような「倫理」の授業に、生意気盛りの高校２年生たちが集中してくれるか不安でしたが、結果的に授業は好評でほっとしました。

最後に生徒に書いてもらった感想文に、「倫理のおもしろさがわかった。私も先生と同じ哲学科に進学して学びたい」というものがあって、思わず胸がいっぱいになりました。

部活動・サークル活動で得たもの

　ほとんどの学生が、何らかのクラブやサークルに所属していると思います。毎日のように練習をくり返すハードな体育会系のクラブもあれば、レクリエーション主体のサークルもあることでしょう。スポーツ関係だと、大会入賞や選手体験など、書くネタには困らないかもしれません。

　しかし、競技より飲み会が多かったサークルでは、それを正直に書くわけにはいきません。「最初は軽い気持ちで入ったけれども、こんな深い体験をした」というストーリーに持っていきたいところです。サークルの人間関係に絞ったり、サークル有志での限定的な活動に絞って記述するという方法もあります。いずれにしても、その経験で人間的に成長したとアピールすることが大切です。

★ グループ展を開催して切磋琢磨した★

　写真部に所属する私は、「現代」をテーマに写真を撮り続けています。同じテーマで撮っている仲間４人とグループ展を開いたことが、学生生活での最も大きな出来事です。

　４人がそれぞれの関心で撮ってきたものを批評し合いながら、４人の個性（作品）をどう組み合わせれば、私たちなりの「現代社会」を表現することになるのか検討しました。必要なら題材を絞って改めて撮るといった作業を進め、共同で１つのテーマに迫り、主張を鮮明にしました。

　達成感とともに、共同作業の中でより深い友人関係が築けたことが大きな収穫です。

★ 連携プレーで強いバレーボール部に ★

バレーボール部に所属し、練習と試合に明け暮れました。スーパーアタッカーがいない私たちの部で、どうしたら強いチーム作りができるのか。月並みですが、チームワークの大切さに気づいた私たちは、連携プレーの強化に力を入れました。部員の一人ひとりのプレースタイルや性格を理解し、考え方を共有するようにしました。

「こういう状況ではこういう戦術でいく」ということがいい意味でパターン化され、一人ひとりに浸透していきました。セッターである私はそのかなめの役割を果たしたと自負しています。万年2回戦敗退のチームでしたが、再開された地区大会で準優勝するまでに成長することができました。

★ 映画研究会で充実した学生生活を送った ★

私が入学する前年から活動が再開された映画研究会に入部し、主に制作部門を担当しました。活動が途切れていたために、映画作りのノウハウも十分にわからず、悪戦苦闘する毎日でした。ただ熱意だけは持ち続け、映画会社の撮影所見学に出かけたり、プロの制作スタッフの方からアドバイスをいただきながら、これまでに3本の映画を作ることができました。

映画は総合芸術、共同作業で作るものです。完成度はまだまだですが、こうした経験から、大人数で意見を出し合い、工夫し、1つのものを作り上げる喜びを知りました。

★ サークル活動で障がい者とのつきあいを学ぶ★

サークルの仲間に車椅子の障がい者がいます。私は、障がい者でも普通につきあいたいと考えていましたが、その関係を築くためには何が必要なのか、彼女と接する中で気づきました。

例えば、車椅子を押すにしても、場所によって適切な押し方があります。平坦な道と坂道などではまったく違います。ささいなことですが、ハンディを持った人と対等な関係を作るには「技術」が必要だと痛感しました。

障がい者教育に携わる者には、もっと専門的な技術が必要でしょう。健常者をはじめ社会全体がそうした技術を身につけ、

障がい者を「かわいそう」と見るのではなく、だれもが対等な関係を作るためにどうすべきか、私のこれからの大きなテーマになっています。

★ 過酷な練習に耐えて勝ち取った黒帯★

私が学生時代に力を入れたのは、合気道部の活動です。その過酷な稽古、及びそれを支える筋力トレーニングの数々。あまりにもつらいので、文化系サークルへの転向を考えたこともありましたが、持ち前の精神力で何とか切り抜けました。部活動がなかなか出来なかったときは、私の提案で師範にトレーニング計画をつくってもらい、部員が自宅で各自練習する、という工夫で乗り切りました。

今までの最高の喜びは、師範からようやく初段、つまり黒帯と袴を身に着けることが許され、その格好で稽古に参加したこ

とです。先輩から祝福され、体力、気力共に充実した感覚に浸ったときのことは、今でも忘れられません。

★ 部活動とアルバイトを両立させた★

冬休みになると必ず、スキー部の仲間10人前後でスキー場近くのホテルに泊まり込み、そこでアルバイトをしながらスキーの練習に励みました。お金を稼ぎながら、アルバイトの合間を縫って練習するというのは、学生の私たちにとって好都合でした。

現実には仕事と練習の2つをこなす生活はとても厳しいのですが、練習だけの合宿よりもかえって真剣さが増して、技術は上達しました。限られた時間の中での練習は緊張感があって、目的意識を持って取り組むことができたのです。時間を有効に使うということも、学べました。

★ 友情と充実感に満ちたクラブ活動の日々★

大学入学以来ずっと、合唱団に所属し、3年生で団長になりました。80人を超える組織をまとめるのは大変でした。団員一人ひとりへの目配り、気配りはもちろん、それ以上に心がけたのは"音楽"で団結するということでした。

レッスンの場などで、歌う一人ひとりや楽器演奏者が何を考え、どんな音作りをしたいのかを引き出し、耳を傾け、それを全体で共有することに心を砕いてきました。その過程で音楽技術も確実に進歩していきました。

ですが、指導者の異動のため集まって練習出来なくなると、部員の心もばらばらになりかけました。私はパートごとに小人数で練習することを考え、最初はうまくいきませんでしたが、やがてうまくいくようになり、部員の心もひとつになりました。私は音楽的向上という目的をみんなで共有し、実践できた日々を誇りに思っています。お互いを尊敬し合える友情と、組織をまとめ、引っ張っていけた充実感とが私の中に残りました。

ボランティア活動で得たもの

最近では、ボランティア活動を実践している学生も少なくありません。したがって、「ボランティア活動は、相手のためにするのではなく、自分自身のためにしているのだ」という表現はあまりにも平凡です。もうひとひねりして、読み手を納得させる表現を工夫してください。

　また、ほかのテーマでも同じことですが、とにかく具体的なエピソードが不可欠です。その体験を通して、あなたがどう感じ、どう行動し、何が残ったのか、それを逐次書き進めていくことで、結果的にあなたが成長したということが自然に表現されている、という流れが理想的です。

★ ボランティアの新サークルを設立した ★

　大学のサークル活動として、福祉施設でボランティアを続けています。週2回、養護施設の子どもたちや障がいを持った大人たちと交流する活動です。この作業を通して、私は人から信頼を得る喜びと共に、その信頼を維持していくことの難しさを学びました。

　このような経験をほかにも多くの人に共有してもらいたいと思い、サークルの代表になりました。そして、コロナ禍での学生の勧誘には苦労しましたが、SNSを使い部員を40名まで集めました。

　今後社会に出てからも、この体験を生かし、多くの出会いを1つひとつ大切にしていきたいと考えています。

POINT

★ カンボジアでのボランティア活動に熱中した ★

　大学1年生のとき、まともな教育を受けられない子どもがたくさんいるカンボジアに、「小学校を作ろう」というボランティアに参加しました。学生の私は資金面での援助はできません。しかし、現地へ行って雑用をこなしたり、子どもたちと遊び、励ましたりすることはできます。

　私は子どもが大好きです。「わざわざ高い旅費を払ってまでボランティアしたのか」と冷やかす友人もいました。しかしこのとき、厳しい環境で生きるカンボジアの子どもたちのたくましさやしなやかさに触れ、それから日本で子どもにかかわる仕事をしていく決意が強くなりました。

★ 自分に返ってくるのがボランティア ★

　私は父の仕事の関係で、海外を含め生活環境がたびたび変わりましたが、その都度新たな人との出会いがありました。その経験から、大学のサークル活動でも、新しい出会いが経験できるものをと考えて、高齢者施設で週2回の交流を行うボランティア活動をしています。

　認知症のお年寄りの話し相手になったり、車椅子を押したりするという簡単なものですが、とても勉強になります。通う回数が増えるにつれて、お年寄りの表情が違ってくるのです。感情を素直に表すことの素晴らしさを改めて確認しました。

　また、ボランティアは無償の行為では決してなく、自分に返ってくるものがあることも学びました。

　今後、社会に出てからも、1つひとつの出会いを大切にしていきたいと思います。

★ 高齢者とのつきあい方を学ぶ ★

POINT

　1年生のときの特別養護老人ホームでの実習をきっかけに、一時中断を余儀なくされましたが、今またボランティアとして通っています。祖母に育てられたといってもよい私は、高齢者の世話をすることに喜びを感じるのです。よりよいケアをするには、一人ひとりの体調や性格を把握して、対応のしかたを変えていかなくてはなりません。相手の立場に立った介護のあり方を考えるきっかけになりました。

　また、ヨーロッパと比べ施設の職員数が少ないといわれる日本の現実を、実際に職員の方の苦労を見て実感することができ、社会福祉全体に対する問題意識もふくらみました。

★ 教員をめざす私の財産となったボランティア活動 ★

POINT

　フリースクールでのボランティア体験が、私の教育観を大きく変えました。一般の学校をドロップアウトした子どもたちが集まるフリースクールで、まず驚いたのは子どもたちが実に生き生きと学び、生活しているということでした。将来について具体的なイメージを持っている子が多く、自分自身の考えを持って自立していたのです。協調性がなく、自信のない子どもたちを想像し、彼らを励ましたいと考えていた私の傲慢さはすぐに吹き飛びました。一緒に遊んだり、勉強を教えたりするなかで、彼らから多くを学びました。

POINT

　伸び伸びとした環境が、彼らの明るさや豊かな個性を引き出しています。フリースクールの先生方は決して彼らをせかしません。「待ち」の姿勢が印象的でした。こうした育て方、教育の手法が今の学校に取り入れられないものかと思いました。これから教育実習をして、教員をめざす私にとっては大きな財産となる経験でした。

アルバイトで得たもの

　　大学生活を通して、アルバイトをしたことがないという人は皆無に近いのではないでしょうか。とくに多いのは、コンビニエンスストアやファストフード店の店員などです。人とは違うユニークなアルバイトであれば、それだけで印象が強く、どんな内容か聞いてみたいと思わせることができるでしょう。

　　一般的なアルバイトの場合は、具体例をあげながら、その意義深さを強調します。エピソードに深みを持たせる努力が不可欠です。

★ テレビ局のアルバイトでいろいろな人生を知る ★

　　大学2年のときに、求人サイトで見つけたテレビ局のアルバイトは、貴重な社会勉強の機会となりました。

　　番組専従のアルバイトで、15分ものの番組を1日に2本収録するときの、出演者の誘導やお茶出し、見送りなど、いわば雑用です。番組は健康をテーマにしたもので、ゲストには過疎地域での医療に従事している医師とか、難病の友の会の事務局長といった方々が登場します。

　　リハーサル、本番と続けて、そのようなゲストの方々のお話を伺うだけでも、目が開かれる思いがしました。しかも、素晴らしいお仕事をされているのに、皆さん一様に腰が低く、礼儀正しいのです。ただのアルバイトの私にまで、プロデューサーや司会の俳優の方に対するときと変わらない、丁寧な態度で接してくださいます。人格というものについても、深く学んだ気がしました。

★ 好奇心と感性を育ててくれたアルバイト ★

　私は子どものころから雑貨に興味を持っていました。そのため、大学に入学するとすぐに、雑貨店でアルバイトを始めました。雑貨は生活に彩りを与えるだけでなく、身体や感情にも影響するものです。どんな雑貨を買い、生活にどのように取り入れるかで、その人の生活や、大げさに言えば、人生すら変える力を持っていると思います。

　私は店で1つひとつの雑貨を眺めながら、どんな人が作ったんだろう、どんな人が買っていくんだろうと思いを巡らせています。アルバイトをしながら、私の好奇心と感性が育ったように思います。

★ アルバイトでコミュニケーション能力を身につけた ★

　1～2年生のときに学費を稼ぐために、カラオケボックスでアルバイトする日々を送りました。集客のために、同じビルの他店（居酒屋など）の許可を得て、飲んでいるお客さんにカラオケボックスの宣伝をする仕事もしました。

　たまにはお客さんに文句を言われることもありましたが、雰囲気を壊さず、店のPRをするためにはどうしたらいいか知恵を絞りました。そのおかげで、多少なりともコミュニケーション能力が身についたと思っています。社会に出てからも生かせたらと考えています。

215

★ 書店のアルバイトでやりがいを感じた ★

　1年のときから続けている書店でのアルバイト。3年になってからは、フロアの主任を任されました。本は、ディスプレイ1つで売れ行きが大きく変わってきます。私は主任として、今どんな本が売れているのか、また売れそうなのか、常にアンテナを張って生活し、それを店作りに反映させるよう心がけてきました。

　ポップはもちろん、店内広告の出し方やコピーの書き方などに頭をひねる毎日。フロアで、前年度比5パーセント増の売り上げを達成したときの喜びは忘れられません。

★ 電話相談員のアルバイトで成長した ★

　顔の見えない相手にも信頼される人になりたいと、全国の中学生・高校生の悩みに電話で対応する仕事に取り組んできました。相手が見えないだけに意思の疎通が難しく、私は何とか安心感を与えようと明るく落ち着いた声で、自分に自信を持って笑顔で話すことを心がけました。

　また、相手が話しやすいようにうなずきながら聞き、求めているものを素早く察知しようとしました。今では、相手の声で状況判断ができるようになり、適切なアドバイスをする力がつきました。「また話がしたい」と、顔も知らない私を指名して電話がくるときはこのうえなくうれしく、一瞬の出会いの大切さを痛感しています。

　言葉だけで作ることのできた、この信頼関係は私の宝です。

社会に出たあとも、ここで培ったコミュニケーション能力を駆使し、さらに多くの人々と信頼関係を築いていきたいと思います。

★ アルバイトを通じて韓国人と友人に ★

　韓国料理店でウエイターを中心に、２年間アルバイトを続け
ました。韓国料理イコール焼き肉というのは、まったくの誤解
で、韓国料理は実にさまざまなメニューがあり、奥が深いもの
でした。在日韓国人のマスターから韓国語を教えてもらったり、
韓国に旅行に行くほど韓国ファンになりました。

　今では、本国、在日を問わず、韓国人の友人が数多くいます。
日本とは微妙に違う文化・考え方ですが、その違いがおもしろ
いと感じています。お互いを尊重し合える関係が築けたことが
自慢です。

★ テレマーケティングのアルバイトで評価された ★

　生命保険会社の委託で、テレマーケティングのアルバイトを
しています。生命保険についての相談や問い合わせに、電話で
応じる仕事です。

　相手の表情が見えない分、意思の疎通が難しく、まずは冷静
に相手のニーズは何かを考えるように心がけました。そして、
相手がいちばん求めていることは何かを見つけだし、必要なも
のをフィードバックしていきました。

　この経験を通して、相手の状況に応じる力、言葉の細部にも
注意を払う姿勢、自信を持って伝える力がつきました。会社か
らの評価もいただき、週２回という勤務にもかかわらず、今は
シニアオペレーターとしてほかのオペレーターを指導する立場
になりました。この能力を仕事にも生かし、より多くの方に信
頼される人間をめざしていきます。

留学・旅行で得たもの

旅行や留学の体験を語る場合には、テーマ性を持たせることがポイントです。一人旅で自立した自分をアピールしているつもりでも、他人にはただの自己満足に見られることもあります。深みのある体験談を工夫しましょう。

★ 沖縄研究がライフワークになった ★

 大学1年生の夏休みに、観光で沖縄へ行きました。それ以来、私は沖縄に魅了され続けています。ほかの地方とは違った独自の文化を持っていることを初めて知って驚き、その歴史や文化をもっと知りたいと思うようになりました。

また、米軍基地をめぐるいろいろな問題にも、関心を持つようになりました。沖縄の歴史や現実を見ると、現在の日本が見えてくると思います。私の視野は、沖縄を通じて大きく広がりました。長期休暇には、必ず沖縄を訪問しています。

★ 歴史的建造物めぐりで心に残る財産を作った ★

もともと日本の建築美術が好きだった私は、大学に入学直後から各地を回って日本の古くからの建築を訪ねる旅行をしました。

古い神社仏閣から国宝級のもの、さらには名もない古民家にいたるまで、写真を撮って調べた歴史をまとめることが楽しくて続けることができました。

刺激になったのは、古民家に住んでいる人や、宮大工の人などの話を聞いたときです。文献で調べたことや写真などからではわからない、日本人と建物の歴史が肌感覚で理解できたことは大きな収穫でした。

一時期、親の病気で自由に出かけることができなくなりまし

たが、今、親が回復したので、ケアのことも気にかけてまめに電話しながら、訪ねてまわることを再開しています。私たちの日本の文化を「全身で感じ、心に刻む」ことができる旅行だと思います。

★ 現地での生活を通じて語学力が身についた ★

　大学を1年間休学し、イギリスに留学したとき、私が心に決めたのは、できるだけ日本人と一緒に行動しないということでした。

　学校で会話するのも、街へ遊びに行くのもイギリス人。ハンバーガーショップに入ったら、イギリス人の友人の分まで率先して私が注文したりしました。

　日本から私宛てに送られたはずの荷物が届かないというトラブルが発生したときにも、毎日郵便局に足を運び、局員に尋ねました。せっぱ詰まった状況の中で、英語で意思を伝えるという経験を通じて、私の英語力は飛躍的に向上したようです。

　机上で学ぶことも大切ですが、それを生かしたり訓練したりするのに最適なのは現地での生活です。1年間の留学生活で身をもってそれを実感しました。

書き方実例
趣味を通して得たもの

　　　　大学で学んでいることとは無関係の趣味を取り上げると、テーマからずれているとみられる可能性もあるので、注意が必要です。

　　　　趣味といっても学業のテーマに近いと、説得力があります。釣りだとかフラワーアレンジメントなどのように、まったくの趣味という場合には、それによって自分がどう成長したかに重点を置きましょう。

　大学時代だからこそ趣味に没頭できた、そのおかげで人間的な幅もできたし、学校以外の人間関係の中で鍛えられ、成長した、というようなストーリーが必要です。

★ 新聞記事のスクラップに熱中 ★

　　高校生のころから新聞記者になりたいと考え始めた私は、大学入学とともに新聞の切り抜きを始めました。ただ漠然と切り抜くのではなく、テーマを絞り込みました。

　　とくに「少子高齢社会」の問題に興味を持ち、この問題に関する記事を朝日、読売の両新聞からスクラップしていきました。

　　その結果、高齢者介護や年金制度への理解が深まりました。今の日本の社会保障制度の問題点を、自分なりに感じるようにもなりました。

　　また、同じ素材でも新聞社によっては、微妙にスタンスが違う記事になるということも、実感しました。20冊のスクラップブックは、私の宝物です。

★ アメリカ映画に魅かれて英語学習に熱中 ★

　「アメリカへ行って映画館で1人で映画を見る」。これが、私が英語を学ぼうと思った動機です。授業のほかに、外国映画を見るサークルにも入り、語学力を養ってきました。

　1回生の春休み、その夢は実現しました。ニューヨークの映画館で、ストーリーを理解し、映画を楽しんできました。ただ日米の文化や習慣の違いのせいか、セリフの微妙なニュアンスが理解できず、周りの観客と笑うつぼが違うのです。マザーグースやシェークスピアの素養も必要なようです。次なる目標は、「アメリカ人と一緒に笑いたい」です。

★ 脚本作りに明け暮れた大学生活 ★

　演劇に興味を持って大学に入学したものの、学内の演劇部の活動のしかたや作品の作り方に考え方の違いを感じた私は、自分で演劇サークルを立ち上げる計画を立てました。

　まず、自分の問題意識を明確にするために脚本を書きました。それを、やはり学内の演劇部にもの足りなさを感じていた友人に見せて共感してもらい、そこから仲間集めを始めました。

　仲間集めは、他大学の学生にまでターゲットを広げ、熱意と問題意識を持った役者や演出家などが集まりました。私の脚本に改良を加え、小劇場などで公演するようにまでなりました。

★ 独自にアインシュタインの研究を続けた ★

　私は文系にもかかわらず、大学時代、テレビでアインシュタインの特集番組を見たことをきっかけに、物理学に強い興味を持つようになりました。2年生のときに物理系のサークルに加入し、一人で本を読みあさるようになりました。今でも独学で勉強を続けています。

　アインシュタインの発想はとても魅力的です。私は、数学や物理学の基礎など理科系の知識がないと理解できないと誤解していましたが、決してそうではありませんでした。相対性理論は数字で考えたものでなく、彼の疑問に思う心、豊かな想像力と創造力が創り出したものでした。

　それは文系の私がわくわくするほど夢にあふれたものでした。その理論が結果的に核兵器の開発につながってしまったことへの責任感から、後年には平和のために行動していく生き方にも魅力を感じます。物理学者としてよりも、「哲学者」のアインシュタインが、私の人生の指針となっています。

★ ロックバンドの活動に明け暮れた大学生活 ★

　ロック音楽が大好きで、バンド活動に明け暮れた学生生活でした。ほかのバンドと違うのは、歌詞を日本語で歌うということです。私は60〜70年代の古いロックが好きで、このころの曲を中心に50曲以上を日本語に訳して歌いました。

　英語の歌詞をただ日本語に訳すだけではおもしろくないので、もうひと工夫しようと考えました。その曲が作られた時代背景を踏まえながらも、今の日本の現実にオーバーラップさせ、許されると思われる範囲で内容を変えたのです。

　この試みは成功しました。現代的な解釈を加えたことで、学生の熱心なファンが増えました。また、古いロックということで、懐かしさからステージを見に来てくれた中高年の男性から「新たな発見があった。ありがとう」と言われて、感激したこともあります。

　音楽は世代を超えた理解を可能にするのだと実感し、自分が1つ階段を上ったような充実感を覚えました。

★ 芸術としての切り絵に魅せられて ★

　私は、伯母にすすめられて小学生のころから切り絵を趣味にしています。小さいころは、身近にある静物を中心に遊び半分で作っていましたが、大学生になって中国の切り絵作家の作品を見て感激したのをきっかけに、本格的に取り組むようになりました。

　精密な構図、線描にも匹敵するような繊細な切り込みやアッと思うような大胆なラインなど、黒と白の世界なのに、奥行きと色彩までをイメージさせる素晴らしいものでした。触発されて集中して作品を作るようになりましたが、切り取る部分をちょっと間違ってしまうと、まるで効果が出ないというのも切り絵の奥の深さであり、面白さです。

　今の私のテーマは「東京」です。メガロポリス東京の風景を、いろいろな角度から切り取っています。まだまだ、満足のいく作品にはなっていませんが、この不思議な都市を自分の切り絵で表現するのが目標です。学業と切り絵の2つに終始した大学生活ですが、50点を超す作品を完成させることができました。

人間関係で得たもの

　大学時代に友情を得たというストーリーは、あまりにも平凡と思われるせいか、意外に少数派です。人間関係が希薄になっているので、浅いつきあいばかりで、友情に至らないのかもしれません。人間関係の濃密さを語るエピソードがあれば、印象度は高くなるでしょう。

★ 旅の中で友情を培った大学時代 ★

　大学時代に得たものは、学問から恋愛にいたるまであまりにもいろいろなことがありすぎて、短い文章で語り尽くせるものではありません。無理して１つに絞るとすれば、やはり友情ということになるでしょう。

　哲学科という、およそ就職には不利と言われる学科を選んで、学問としては楽しく充実していたものの、本当にこの選択でよかったのだろうかと悩んだこともありました。ところが、１年生の夏休みに、同じクラスの友人と日本海へ旅をすることになり、期せずして学校では話さないような深い会話をする機会が持てたのです。

　「何のために生きるのか」などというテーマは、気恥ずかしくて高校時代にも話せる友人がいませんでした。また、そういうテーマで話そうとすると、すぐに「意識の高すぎるやつ」というレッテルを貼られてしまいます。

　彼とは、その後も機会があれば旅行して、さまざまなことをテーマに語り合いました。卒業して社会に出れば別々の人生を歩んでいく友人ですが、どこにいても、何年会わずにいたとしても揺るぎない友情を築いてきたことは、私の誇りになっています。

★ 対面で人と会える喜びの大きさを実感 ★

　新型コロナの流行によって、私の学校生活は「こんなはずじゃなかった」と思うほど、大きく変わってしまいました。丸々1年間、すべてオンライン授業となり、友人たちとも直接会うことができない中で、慣れないパソコン操作に悪戦苦闘する日々でした。

　そんな中、心の支えになったのがSNSです。私は元々、本名や顔を明かさず、不特定多数の人と繋がれるSNSでの友だち作りには批判的だったのですが、オンライン授業で孤独だったのでSNSを始めたところ、同じ学校の生徒が多く見つかり安心しました。皆、慣れないオンライン授業に苦労し、思い描いていた学校生活が送れないことを悲しんでいました。SNSで他の同級生の状況を知り、私も孤独から救われた反面、私のツイートで救われたということも言われました。

　その後、SNSを通じてできた友だちと初めて会ったとき「本当に存在していたんだ」と不思議な気持ちになりました。イメージより背が高かったなど、実際に会わないとわからないこともあるのだと改めて知ったのです。

　新型コロナとSNSのおかげで、人と対面で会える喜びとは、こんなにも大きなものだったんだということがわかりました。「こんなはずじゃなかった」から始まった学校生活ですが、今では「これで良かったんだ」と思えるようになりました。

★ 温かい師弟関係を持てたことは宝物です ★

　大学では、ピアノを専攻しました。毎日、何時間もピアノ室で練習する日々でした。あるとき、いつものように練習していると、担当の教授がすっと部屋に入ってきて、私が格闘していた楽譜の前に、テレビなどで人気の女優の写真を置いて、何も言わずにすぐ出ていってしまったのです。

　私はクラスの中で、楽譜を正確に音にするテクニックは優れていたと思います。しかし、音楽はテクニックだけではありません。音楽の中に流れている微妙な感情を、どのように表現するかも大きなポイントです。私は、表現方法について悩んでいました。先生が言いたかったのは「楽器を弾くだけでは感性は育たない。心を揺り動かすような体験をしなさい」ということだったのだと思います。美人ではないけれど、情感のある演技をすることで評判の女優の写真でしたから。

　普段は厳しい先生で、レッスン中には笑顔を見せたこともない方が、女優の写真を…と思っただけで、何か心の中に温かいものが流れていくような気がしました。そんな師弟関係を持てたことが、私の大学時代の宝物です。

★ ライバルの存在が私を成長させた ★

　私は常に、ライバルを持つことで成長してきました。部活動やゼミ、遊びにいたるまで、競い合う相手がいることが自分の力を高めていく原動力になっています。とくに、スポーツ分野でのライバルは、親友とも言える存在です。

　大学入学と同時にテニス部に入部しました。同級生に、キャプテンを負かすほどの実力の持ち主がいて、私は、密かに彼女を「ライバル」と決めました。彼女の技術を盗み、彼女に追い

つけるように毎日練習しました。そのかいあって、2回生の後期には私もレベルを上げ、部内で彼女とナンバーワンを争うほどになりました。そのころになって、彼女も私をライバルと認めてくれたようです。

　現在では、試合をすると勝ったり負けたりの2人ですが、プレースタイルや勝負どころの戦術はまったく違います。こう仕掛けたら相手はこうくるだろう、といったかけひきも楽しめるようになりました。**お互いの存在を認め、尊敬しながら高め合えるライバルを持てたことが、学生生活の大きな財産です。**

★ アルバイト先で私を育ててくれたチーフ ★

　スーパーマーケットでのアルバイトを2年間続け、そこで出会った現場のチーフ（正社員）の教えが、私を成長させてくれました。**チーフは非常に厳しい人でした。アルバイトを始めた当初、私は商品の名前や配置がなかなか覚えられず、そのたびに怒られたものです。しかし、ただ厳しいのではなく、買い物に来るお客さまに満足してもらうためには、どんな商品を提供すればよいのか、また商品の並べ方をどう工夫し、どんな心がまえで接客すべきなのかを親切に教えてくれました。**

　そして、仕事がだんだん楽しくなっていきました。チーフのおかげで、仕事の流れをほぼ理解できたころ、冷凍食品のセクションを任されるようになりました。アルバイトとしては大抜擢でした。チーフが推薦してくれたのです。

　就職活動のためにアルバイトの仕事を辞めるとき、「仕事をおもしろがってやれ」と、エールを送ってくれました。**仕事をおもしろくするためには、まずその仕事の内容を熟知する必要がある。チーフが教えてくれたことは、これから社会人となる私にとって大きな財産になっていると思います。**

★ 家族の素晴らしさを知りました ★

　一浪して、なんとか希望する大学に進学できたのもつかの間の喜びで、1年次が終わろうという時期に、父の会社が倒産しました。2人の弟がいるので、私が大学をやめて働くと言うと、両親をはじめ弟たちも、絶対にやめてはいけない、と言うのです。母はパートタイムで働き始め、弟たちもコンビニエンスストアや近所の食堂のアルバイトを始めました。父の次の仕事が見つかるまで、家族全員で頑張ろうと決めたのです。だれも、ひと言も愚痴や文句を言いませんでした。

　それまで、家族など空気のような存在でしたが、これには心底驚かされてしまいました。わがままだと思っていた弟たちも見直し、父を励まして笑顔で働きに行く母は、心から尊敬に値すると思いました。私もみんなに負けてはいられないと、大学当局と教授に相談して返済不要の奨学金をもらい、2つのアルバイトを掛け持ちして、自分で学費を調達しました。1年後には、父が再就職して家の経済状態も落ちつきましたが、母をはじめ弟たちも仕事やアルバイトを続けています。

　みんなの協力のおかげで、私は充実した大学生活を送っています。私の大学時代、それは家族の素晴らしさを再認識したときでした。

6章

手紙・Eメールの
基礎知識&
インターネットの
マナー

手紙・Eメールは有用なツール

　メッセンジャーアプリ全盛の昨今、若い人たちの中には、手紙どころかEメールさえ「長い文章を書くのが面倒」「マナーを覚えなければならないのが、わずらわしい」ということで、書く習慣がない方が多くいると思います。

　ですが、今でも、就職活動におけるさまざまな依頼やお礼・お詫びなどの場面において、丁寧に相手の都合や意向を尋ねたり、自分の気持ちを伝えたりすることができる手紙やEメールは有用なツール（道具）です。

　逆に言えば、マナーや定型（書き方のパターン）を覚え、長い文章を書くことを面倒くさく思わないようになってしまえば、有用なツールを手に入れることができるのです。

　今は「1つの企業に骨を埋める」時代ではありませんが、就職活動が一生の大事であることに変わりはありません。「一瞬」の手間を惜しまず、有用なツールを自分のものにして、就職活動を有利に進めましょう。

手紙・Eメールを出すと良いケースの例

＜依頼＞
・ＯＢ・ＯＧ訪問の依頼（親しい先輩／面識のない相手）
・企業への先輩社員紹介のお願い
・就職仲介のお願い（親しい先輩／家族の知人）
＜お礼＞
・資料送付のお礼（企業）
・ＯＢ・ＯＧ訪問のお礼（親しい先輩／初対面の人）
・面接後のお礼（企業）
・就職仲介のお礼
・内定したときのお礼（企業／ＯＢ・ＯＧ／仲介者）
＜お詫び＞
・内定辞退のお詫び（企業／ＯＢ・ＯＧ／仲介者）

手紙文の基本

　手紙文は「決まりごと」が多いので、手紙を書くのは苦手という人も多いようです。手紙文の基本について、いくつかのポイントを挙げてみましょう。

手紙文の構成

●前文（頭語、時候の挨拶）／●主文（起こし言葉、本文）
●末文（結びの言葉、結語）／●後付（日付、署名）

　この構成さえ、頭に入っていればどんなケースでも大丈夫です。以下に手紙文の基本的な構成を示したので、これを参考にして自分自身の手紙の組み立てを考えてみましょう。

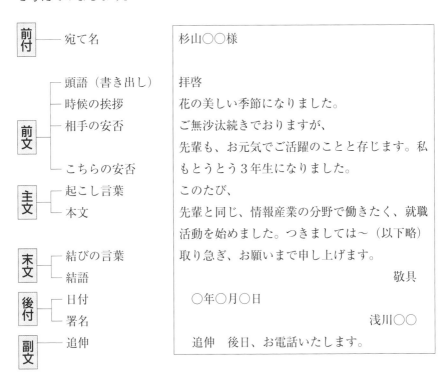

前付	— 宛て名	杉山○○様
前文	— 頭語（書き出し）	拝啓
	— 時候の挨拶	花の美しい季節になりました。
	— 相手の安否	ご無沙汰続きでおりますが、
		先輩も、お元気でご活躍のことと存じます。私
	— こちらの安否	もとうとう３年生になりました。
主文	— 起こし言葉	このたび、
	— 本文	先輩と同じ、情報産業の分野で働きたく、就職
		活動を始めました。つきましては〜（以下略）
末文	— 結びの言葉	取り急ぎ、お願いまで申し上げます。
	— 結語	敬具
後付	— 日付	○年○月○日
	— 署名	浅川○○
副文	— 追伸	追伸　後日、お電話いたします。

※目上の人に対して、追伸は本来失礼にあたります。

頭語と結語の正しい組み合わせ

　大事なポイントは、頭語（書き出しの言葉）と結語（書き終わりの言葉）には対応関係があるということです。最近は、ビジネス文書では女性も「拝啓」と「敬具」の組み合わせを使うのが一般的になりました。なお、Ｅメールでは頭語・結語を省略します。

　大切なのは、くれぐれもちぐはぐな組み合わせにならないように注意することです。ここで失敗してしまうと、その後どんな立派な中身が続いても、「教養のない人」だと思われてしまいます。

頭　　語	結　　語
拝啓（一般的）	敬具
謹啓（あらたまった場合）	敬白
急啓（急ぐ場合）	草々、不一
前略（前文を略す場合）	草々
冠省（前文を略す場合）	草々、不一
拝復（返信の場合）	敬具

※「前略」「冠省」は、就職活動の手紙には使わないようにしましょう。

はがきのマナー

　気をつけたいのが、はがきの利用です。本来、はがきは省略形の手段なので頼みごとや目上の相手に使用するのは不向きです。

　加えて、省略形のものに「拝啓」「敬具」を使うのは、モノを知らないということに。はがきなら、「前略（冠省）」「草々」を使いましょう。

時候の挨拶

　手紙文に不可欠なのが、その月にふさわしい時候の挨拶です。四季のある日本ならではの、伝統的な形式です。紋切り型の言い方ばかりでなく、あなたらしさを織り込んで、現代風にアレンジしてみましょう。しかし、折り目正しさや、礼儀は忘れないでください。相手に好印象を与えるように意識しましょう。

　また、手紙を出す相手によって、時候の挨拶も使い分けるようにします。企業の人事課あてには、紋切り型の「○○の候」でもOKですが、親しい先輩などに対しては、もう少し風情のある表現を工夫します。

　次に、1年を通しての時候の挨拶例を列挙しましたので、参考にしてください。

1月	厳寒の候 新年のお慶びを申し上げます 寒中お見舞い申し上げます
2月	余寒の候 春寒の候 立春も過ぎたのに、厳しい寒さが続きます
3月	早春の候 春の訪れを感じるこのごろです ようやく春の兆しが感じられるようになりました
4月	陽春の候 春暖の候 桜の花も満開となりましたが
5月	新緑の候 若葉の候 さわやかな季節となってまいりましたが
6月	初夏の候 入梅の候 麦秋の候 紫陽花の美しい季節となりました

7月	盛夏の候 炎暑の候 暑中お見舞い申し上げます 本来なら、楽しい夏休みという季節ですが
8月 （8日 以降）	毎日、暑い日が続いておりますが 立秋の候 残暑お見舞い申し上げます 立秋とは名ばかりで、暑い日が続いております 暦の上ではもう秋ですが
9月	初秋の候 新涼の候 美しい秋晴れの日が続いておりますが 残暑もようやく和らいで参りましたが
10月	秋冷の候 紅葉の美しい季節となりました 秋も深まってまいりましたが
11月	晩秋の候 向寒の候 枯れ葉の舞う季節となってまいりました
12月	寒冷の候 師走に入り、せわしない季節となりました 年の瀬を迎えて、お忙しくなさっていることと存じます 寒い日が続いておりますが 今年も残すところ、あとわずかとなって参りました

※季節のうちで、気をつけたいのが立春と立秋です。2月の厳寒の時期も節分を境にして、暦の上では「春」です。同様に、夏の暑い時期であるにもかかわらず、暦の上で「立秋」（ほぼ8月7日ごろですが、その年によって8日にずれることも）を過ぎると、秋となります。二十四節気（大寒、啓蟄、小雪など）の言葉を使うと効果的です。

尊敬・謙譲の表現

　敬語の苦手な人は手紙文を書くときにも、少々苦労するかもしれません。ふだん使わないような表現をしなければならない状況のときに、押さえておきたいポイントは、相手や相手の属するもの（企業、家族、大学など）に対しては尊敬語を使い、自分や自分の属するものはへりくだって表現するということです。

　次に具体的な例をあげてみます。

敬称・尊称	謙称
ご家族の皆様、ご一同様、皆々様	家族一同、私ども、私たち
ご主人様、○○様、奥様	主人・夫、家内・妻
ご両親、お父様・お母様	両親、父・母
お嬢様、ご子息	娘、息子
お宅、そちら様	拙宅、当方
ご高配	配慮
お越し、ご来訪	お伺い、お訪ね
貴社、貴店、貴校	当社、当店、当校

　動作・行動に関する尊敬表現と謙譲表現も、覚えておきましょう。

尊敬語	謙譲語
召し上がる	いただく
おっしゃる	申し上げる
お会いになる	お目にかかる
なさる	いたす
お思いになる	存ずる
ごらんになる	拝見する
お聞きになる	伺う、うけたまわる

宛て名の書き方

〈封筒の場合〉

日付は左上部に。

●封筒の色は白に。茶封筒は失礼になる。
●雨でにじまないように黒のボールペンで書く。
●間違えたら修正液は使わず、別の封筒に書き直す。

○月一日

のりづけで閉じる。

東京都港区高輪○丁目○番○号

田村 健太

108-0074

曲がらないようにはる。肩書きは氏名の上に小さめの文字で。

切手

113-0033

東京都文京区本郷○丁目○番○号

□□商事株式会社

人事部長

○○○○ 様

1〜2字分下げる。

〈はがきの場合②〉

●通信文が横書きの場合は、宛て名も横書きに。

郵便はがき

切手

190-0001

東京都立川市
　若葉町○丁目○番○号

○ ○ ○ ○ 様

東京都港区高輪○丁目○番○号
　　田村 健太

108-0074

〈はがきの場合①〉

●通信文が縦書きの場合は、宛て名も縦書きに。

郵便はがき

切手

190-0001

東京都立川市若葉町○丁目○番○号

○○○○ 様

東京都港区高輪○丁目○番○号

田村健太

108-0074

—自分の住所・氏名は小さめに書く。

2行になる場合は町名から改行する。

Ｅメールなどのマナー

就職活動やビジネスとプライベートのＥメールでは、文体やシチュエーションなどが変わってきますが、基本的な部分は同じです。

そんなＥメールの基本マナーを覚えておきましょう（ＬＩＮＥなどのメッセンジャーアプリを使用する場合も、Ｅメールの基本マナーに準じてください）。

Ｅメールの書き方の基本

Ｅメールが手紙と最も大きく違うところは、時候の挨拶や相手の安否をたずねる言葉を簡潔にし、文章をコンパクトにまとめて、読みやすくするという点です。それは、受け手ができるだけ短い時間で目を通すことができるようにするための配慮からです。

要点がはっきりわかるようにするには、１つのメールに１つの用件を入れることを基本とします。要点がつかみづらい文章や不必要に長いメールは相手に迷惑ですので、注意しましょう。

読みやすいレイアウトを心がけよう

メール環境は人によって異なりますので、あなたのPCやスマートフォンでは見やすくても、相手の画面上では、見づらいかもしれません。

手紙を書く感覚で、あまり改行を入れない文章が相手に届くと、文字が画面いっぱいに広がり、見ただけで読む気がなくなってしまいます。

どのような環境にも対応できるようにするためには、

①１行の文字数が20字以内

②文の区切りのよいところで改行

③５〜７行くらいを目安にする

④ＨＴＭＬ形式ではなく、テキスト形式を使う

という４点に気をつければ、見やすくスッキリしたレイアウトになります。なお、文字化けしやすい①などの丸付き数字や、Ⅰ、Ⅱなどのローマ数字は使わないように注意してください。

署名(シグネチャー)を忘れずに

　署名とは、自分の氏名やメールアドレスや電話番号など、送信者の連絡先を明示する部分です。メールの最後には4行程度の簡単な署名をつけるのが、ネットマナーの基本です。つい忘れがちなので、気をつけてください。

　ビジネスでは、相手側が都合のよい通信手段を選んで連絡できるように、会社名、氏名、メールアドレス、住所、電話、FAXが入っていることが常識です。派手な飾りをつけることは避けます。

Eメールを就職活動に活用する

　最近は、各企業の人事担当者やOB・OGに、Eメールで連絡することも一般的になっています。マナーを守って活用しましょう。

　複数の企業に問い合わせなどをする場合、手書きだとかなりの負担になりますが、Eメールでは効率よく行えます。また、書き間違いなどミスをしてもすぐに修正ができ、何度でも書き直しができるのでとても便利です。基本的な文章を用意すれば、それを応用して他社への連絡にも使うことができます。

　Eメールの文章も、基本的には通常の手紙の文章と、書き方や構成に変わりはありません。ただし、Eメール特有のマナーや注意点がいくつかありますので、以下にあげておきます。

　まずサブジェクト（件名）を、ひと目で内容がわかるように入力します。例えば、「会社案内送付のお願い」または「セミナー案内のお願い」などです。

　送信相手の社名、部署名などは1行目に書きます。「拝啓」「敬具」などの頭語・結語は省略します。改行するときは、行頭を1字下げる必要はありません。

　送信者がだれかすぐわかるように、文章の前半で自己紹介します。友人へのメールに使うような顔文字や記号は、常識を疑われるのでやめます。

　また、誤字・脱字には細心の注意を払って、間違いのないように何度もチェックするよう心がけます。人事担当者へのメールも、評価の対象になっていると考え、十分に気を配ってください。先方から返信があったら、忘れずに簡単なお礼のメールを出しましょう。先方からのメールに返信する場合は、相手の文章の不要な部分を削除することも、マナーです。

件名 資料送付のお願い

○○信販株式会社
人事部人事課ご担当者様

貴社ますますご清栄のこととお喜び申し上げます。
突然メールを差し上げる失礼をお許しください。
私は、東西大学経済学部経済学科3年の佐伯由希と申します。

このたび、貴社のホームページを拝見し、
金融業務に関する企業としての方針を知りました。
とくに、新しいシステムの導入で、従来よりも質が高く、
身近なカードの開発をなさっている点には、興味をひかれました。
私はゼミで財務関係の研究をしており、
今まで学んできた知識を生かせるような
職種に就きたいと考えております。

つきましては、会社概要や来年度の新卒採用の予定についての
資料がおありでしたら、ぜひ拝見したいと存じます。
ご多忙中、お手数をおかけして恐縮ではございますが、
下記住所あてにご送付いただければ幸いに存じます。
まずは取り急ぎ、お願いまで申し上げます。

東西大学経済学部経済学科　佐伯由希
〒112－××××　東京都文京区○○5－△－△
電話　０３－３６５１－○○○○
携帯　０７０－４７１５－○○○○
Eメール：○○○＠○○○.net.or.jp

●返信されたメールはフォルダなどに移動し、整理する。
　どのようなフォルダを作るかは自分なりに工夫を。業種別や「資料請求」「会社説明会」といった目的別にフォルダを分けるのがお勧め。

ネットマナーを守って活用しよう

　メールはとても便利なコミュニケーション手段ですが、相手の顔が見えないだけに、よりいっそうマナーに気を配る必要があります。

　コンピューターに向かっていると、メールを送る相手もつい自分の使っているコンピューターと同じだと思ってしまいがちですが、国によって文化や生活が違うように、メールの環境（ハードウェアや基本ソフト、アプリケーションなど）も相手によって異なるのだということをまず理解しておきましょう。

　そのうえで、文章が簡潔で用件がわかりやすいこと、丁寧な文体であることなど、読み手のことを考えたネットマナーを心がけてください。

手紙とＥメールの上手な使い分け方

　手紙とＥメールをうまく使い分けることができれば、プレ社会人としての評価は大幅にアップします。ビジネス文書の作成能力が優れていれば、すぐに仕事に役立つと考えられるからです。

　248ページ以降に、手紙とメールの基本文例を紹介しました。手紙文が中心になっていますが、同じ内容をメールにすることもできます。かつては、初対面の人などにメールで連絡するのは失礼だとされたこともありましたが、現在はマナーをわきまえた内容であれば、それほど気にする必要はありません。相手の年齢層によってはメールや手紙よりもＬＩＮＥの利用が多い場合もあるので、相手に確認をしたうえでＬＩＮＥの交換もよいと思います。相手が40歳以上なら手紙が効果的かもしれません。

　ただし、お礼状やお詫び状は、メールよりも手書きの手紙にしたほうが、誠意が伝わるでしょう。一字一字に心がこめられた手紙は、とくに年配の人には好感を持たれます。

　また、説明会や面接当日の遅刻や欠席など、とくに緊急の連絡はまず電話でするのが当然ですが、そこまで急ぎでない連絡事項や問い合わせは、メールでもかまいません。どちらの手段を選ぶかは、相手がどちらの方法で連絡してきたかに合わせるとよいでしょう。

文体は敬体と常体、どちらが良いか

敬体とは「です・ます」調の文体を、常体とは「だ・である」調の文体を指します。

この章で述べている、就職活動における手紙やEメール、LINEなどのメッセンジャーアプリでは、相手への敬意を表すために「です・ます」調の敬体で書くのが当然です。

ですが、エントリーシートは「言い切る」ことで意志が明確だと読み手に思わせるように、「だ・である」調の常体を用いることも多いようです。筆者が主宰している就職塾・阪東100本塾でも「だ・である」調の常体で書くことを勧めています。

ただし、本書に掲載したエントリーシートの文例は、すべて「です・ます」の敬体にしています。どちらが正解と決められるものではないので、最終的には、あなた自身で選んでください（いくつかの大学のキャリアセンターでは「丁寧な印象を与えるため」として、敬体でエントリーシートを書くように指導しています）。

また、宛先の企業名の敬称は「様」ではなく「御中」とします。企業内のだれに出すかがわかっている場合は、宛先を「○○様」とします。この場合は、企業名に「御中」をつけません。

文中での企業に対する敬称は「貴社」と書くのが普通で、本書でも「貴社」で統一しています。口語では「御社」を使うこともありますが、手紙では「貴社」を使っておけば間違いはありません。

◎ □□株式会社　　人事部 御中

◎ □□株式会社　　人事部　○○様

✕ □□株式会社 様

OB・OG訪問とお礼状

OB・OG訪問の必要性

　志望の方向性や入りたい企業がはっきりしてきたら、部活動やサークル、ゼミなどの伝手をたどって、志望先企業や志望業界に勤務しているOB・OGを訪問したいところです。

　OB・OG訪問をすると、志望先企業や志望業界の実態を知ることができるため、企業研究がより進みます。一般的な会社説明会ではその企業にとって都合の良い情報しか出されず、隠しておきたい情報を得ることはできないので、OB・OG訪問をするとしないとでは、大きな違いがあります。

　採用担当者による面接ではないので、選考への直接的な影響はありませんが、他の学生が知らない情報を知ることができるため、のちのエントリーシートや面接で「深く研究してきたこと」をアピールできます。

　事前に頼んでおけば、エントリーシートを添削してもらえることもあります。貴重なアドバイスがもらえる良い機会です。

訪問時と訪問後のマナー

　ただし、直接的な影響はないとはいえ、訪問後に「どんな学生だったか」をOB・OGが上司や採用担当者に報告することも考えられますので、たとえ相手が親しい先輩だとしても、礼儀は心がけましょう。

　また、OB・OG訪問の後には、すぐにお礼状（出したら即届くEメールが適している）を出して、感謝の意を伝えるのがマナーです。

インターネットで就職活動

就職情報をインターネットで

　最近は、数多くの企業が、自社のＨＰ（ホームページ）に採用情報を掲載しています。

　資料請求がインターネットに一本化されていたり、採用情報がネット経由で公開されたりなど、ウェブエントリーから就職活動が始まることが一般的になりました。

　業務内容の掲載はもちろん、企業動向や経済指標など、東洋経済新報社の『会社四季報』や情報誌などで収集していた情報も、ネット上で閲覧・保存ができます。さらに、資料請求やエントリーシートの記入・送信など、企業に対するアプローチもネット上で行うことができます。

　就職活動をするときは、興味のある企業のＨＰをすべてチェックして、傾向を読み取ることが大切です。同業種の何社かの企業同士を比較するのもよいでしょう。

　情報はリアルタイムで更新されますので、定期的な確認が大事になります。とくに、次年度卒業者向けの採用情報が掲載される時期は、毎日欠かさずチェックする必要があります。資料請求やエントリー、セミナーの案内など、具体的な情報が順次公開されていきます。

企業のＨＰ（ホームページ）の探し方

●企業名で検索する

　企業の名称がわかっている場合は、「Yahoo! JAPAN」「goo」「Google」などのサーチエンジンと呼ばれているＨＰで、社名を入力するだけで、該当する企業のＨＰが開けます。

　たとえば、「Yahoo! JAPAN」で検索しようとするときは、TOPページの上部中央にあるテキストボックスに企業名を入力し、「検索」ボタンをクリックします。すぐにタイトルなどに同じ単語が含まれているＨＰの一覧が表示されます。

そこで、検索している企業名の文字をクリックすると、その企業のＨＰへリンクされるのです。

　サーチエンジンには、多数の企業が登録されていますので、ＨＰを閲覧してみたいときはまずここを利用すると便利です。

●職種・業種で検索する

　職種や業種でＨＰを探す場合、「Yahoo! JAPAN」を使って自動車メーカーのＨＰを調べるときは、トップページから、自動車　メーカー　（具体的な車種・車名）と入力して検索します。

　もっと詳しい情報を手に入れたいときは、就職情報専門のＨＰを利用するとよいでしょう。

就職情報サイトの種類

　登録企業が数千社にのぼり、企業情報や説明会・セミナーの案内、エントリーなど就職情報が満載されているのが、就職情報サイトです。

　業務内容にかかわる項目で検索ができ、いくつかの条件を指定できるので、自分に合った企業を見つけることができます。また、就職活動では欠かすことのできない最新の情報をチェックできるというメリットも見逃せません。

　代表的な就職情報サイトは、「リクナビ」「キャリタス就活」「マイナビ」などです。会員登録をすれば、自分専用のページが提供されます。登録した企業のセミナーやエントリーなどの情報が得られますので、就職活動に非常に有効です。

就職情報サイトを効果的に使って就職活動を

　以下に紹介する新卒者用の就職情報サイトは、「リクナビ2024」のように、入社する年がサイト名についています。間違えないように、利用する前に確認してください。

　利用するサイトは、多ければよいというものではありません。ただし、ある企業の情報が「Aのサイトには掲載されていなかったが、Bのサイトにはあった」というケースもあります。自分の使いやすいところを、2つぐらいにしぼっておくとよいでしょう。インターネットでの企業へのアプローチは、夜間や休日など、自分の都合のよい時間に行える点が最大のメリットです。時間を効率的に使って、より多くの企業の情報を集めましょう。

マイナビ　<job.mynavi.jp>

　㈱マイナビが運営する就職情報サイトの特徴は、各大学や短大との連携にあります。企業からの情報はもちろん、学校の就職課ならではの雇用情勢や就職案内も得ることができ、非常に役に立ちます。

　個人単位で企業の情報を獲得するには限界がありますが、ここでは就職のヘルプや蓄積されたノウハウなどを利用し、確かな詳細情報を引き出せます。

　また、志望業界から内定を得た先輩たちのレポートなども紹介されていて、とても参考になります。

キャリタス就活　<job.career-tasu.jp>

　㈱日本経済新聞社・㈱日経ＨＲが協力し、㈱ディスコが運営する就職情報サイトです。企業検索や説明会などの案内はもちろん、業界MAPや人気企業ランキング、新卒採用計画調査の情報などもあり、データはとても充実しています。

　会員登録を行えば、会員専用のマイページで就職に成功した人たちの体験談などが得られ、大変参考になります。

　また、就活マナーや自己分析、業界・企業研究、エントリーシート・筆記・面接対策などアドバイス満載の「就活成功ガイド」や、就活に成功した先輩たちや人事担当者の声が聞ける「就活トレンド」なども便利です。

リクナビ <job.rikunabi.com>

　就職情報サイトとしての機能が充実していて、利用者も多いのが、㈱リクルートが運営しているリクナビです。

　企業の登録は数千社にのぼり、各業種をフォローしており、検索も企業名や業種のほか、勤務地、本社所在地、採用予定学科、募集職種、従業員数などからもできます。業界ナビやWebセミナーをはじめとして、自己分析、企業研究、SPI、エントリーシート、就活マナーなど、多彩な情報が満載されています。これらの機能を使いこなすには、まず、会員登録をして自分専用のマイページからアプローチしましょう。

「ウェブエントリー」のポイント

　就職情報サイトに登録すると、企業に「ウェブエントリー」（「プレエントリー」ともいう）できるようになります。ウェブエントリーすることで、その企業に自分が興味を持っていることを示すことができ、説明会や選考方法についての情報が得られるようになりますので、できるだけ早い時期に、各社の募集画面をチェックして、めざす企業にアプローチしましょう。

　ウェブエントリーの方法は企業によってさまざまで、アンケートのような簡単な設問に答えるタイプ、自己PRや志望動機を文章にまとめることを求められるタイプなどがあります。簡単に答えられるタイプは気軽にエントリーできますが、それだけ応募者も多いと考えられるでしょう。文章で答えるタイプは記入するのに時間がかかりますが、内容次第では、企業の人事担当者に注目してもらえる可能性があるかもしれません。

　もし、志望度の高い企業がこのようなウェブエントリーの方法をとっていたら、積極的にエントリーして、意欲をアピールしましょう。それが、就職活動成功に向けての第一歩です。

海外に志望先を求める「ボスキャリ」

　アメリカのボストンで開かれる、ボストンキャリアフォーラム（通称ボスキャリ）という就活イベントがあります。

　このイベントは、日本の就職斡旋会社が主催しており、志望者を募集する日本と欧米の企業がブースを出し、そこに「日本語力、英語力ともに少なくとも初級レベル（ボスキャリのサイトより）」を持っている学生が参加して、面接などが行われます。

　参加は「日本語力、英語力ともに少なくとも初級レベル」を持っていることのほかに「日本国外の大学の学士以上の学位を取得かその予定」「留学経験があり、日本の大学の学士以上の学位を取得かその予定」「留学経験がある職務経験者や海外での勤務経験がある」ことが条件になります。
「卒業はまだ先」という学生も、インターンシップや企業研究のために参加することができます。

　このイベントでは共通のエントリーシートが用いられます。書く内容は、学歴が3,000字以内、スキルや資格、自己アピールが6,000字以内となっています。長い自己アピール文を書く必要はありますが、ほかに設問はありません。ただし、いくつかの日系企業では、別にエントリーシートを書かされることもあるようです。

　ブースに参加すると、会社説明会の後に面接が行われます。説明会をとばして面接しか行わない企業もあります。また、数時間の面接だけで内定が得られることもあるそうです。

　競争は激しいのですが、その場で内定が得られる可能性があるのは大きなメリットです。参加条件を満たす人、海外の企業を志望する人は、参加してみてはいかがでしょうか。

依頼・お願いをする

◆ 資料送付のお願い ◆

① 株式会社エムエムソフトウェア
　　人事部ご担当者様

拝啓　貴社ますますご清栄のこととお喜び申し上げます。
　さて、早速用件に入らせていただきますが、私は城北大学理工学部情報学科３年に在学しております中川洋輔と申します。②卒業後は大学で学んだ情報処理を生かせるような職種につきたいと考えております。とくに、企業向けのコンピューター・プログラミングの仕事に、以前から興味を持っております。
　つきましては、会社概要や入社案内などの資料をご送付いただきたく存じます。
　お忙しいところ、お手数をおかけして誠に恐縮ではございますが、何卒よろしくお取り計らいくださいますようお願いいたします。
　まずは、書面にてお願い申し上げます。　　　　　　　　敬具
　　○年○月○日

　　　　　　　　　　　　　　　　　　　　　　中川洋輔
　　　　　　　　　　　　　　　　　　（城北大学理工学部３年）
　　　　　　　　　［資料送付先住所］
　　　　　　　　　〒167-0051
　　　　　　　　　東京都杉並区荻窪８丁目△番△号
　　　　　　　　　グリーンハイツ302
　　　　　　　　　電話070-5001-○○○○

①相手の企業名を、㈱と省略して書かないようにする。「株式会社○○」なのか、「○○株式会社」なのか、間違えないようにしよう。
②学部学科名や専攻を明らかにして、志望動機につなげる。

OB・OG訪問のお願い(親しい先輩へ)

野村淳子様

① 拝啓　さわやかな季節の到来となり、キャンパスにも新緑が美しく映えています。

　昨年の合宿以来、ご無沙汰しておりますが、お元気でご活躍のことと存じます。

　さて、本日は就職のことでご相談させていただき、アドバイスをいただければと思い、お手紙を差し上げました。私は以前から、メディアの最前線で活躍する職業に強い関心をもち、先輩のように、テレビ局に勤務したいと考えていました。そこで、② ぜひマスコミ業界について、またテレビ局での仕事の現実について具体的なお話を伺いたいと思っております。

　勝手を申し上げて恐縮ですが、後日、改めてお電話をさせていただきますので、よろしくお願いいたします。

　まずは取り急ぎ、お願いまで申し上げます。　① 敬具

　　〇年〇月〇日

　　　　　　　　　　　　　　　　　　　　　江上啓子

●親しい先輩にOB・OG訪問をお願いするときには、電話で気楽に頼みがちだが、ビジネスマナーをわきまえた依頼で、けじめをつけよう。まず、手紙やメールで打診しておき、それから電話連絡するとよい。

①メールの場合は、頭語・結語は省略する。(P.237参照)

②ただ会いたいというだけでなく、どんなことを中心に聞きたいか簡単に書いておこう。

※オンラインを利用することも検討しよう。

　例:直接お会いできない場合も、オンラインでご相談をさせていただけると幸いです。

◆◆ OB・OG訪問のお願い(面識のない人へ) ◆◆

ニッポンビール株式会社　営業部
　伊藤晴信様

謹啓　盛夏の候、伊藤様におかれましては益々ご清栄のことと
お喜び申し上げます。
　①さて、突然お手紙を差し上げます失礼をお許しください。私
は南都大学経営学部市場システム学科3年に在学しておりま
す、山村良和と申します。
　伊藤様のことは、就職指導課の友永秀忠教授よりご紹介いた
だきまして、誠に不躾とは存じますが、お便りを差し上げた次
第です。私が入社を希望しているニッポンビール株式会社に、
○年に入社された大学の先輩と伺い、ぜひお話をお聞かせいた
だきたく存じます。
　貴社の経営方針や業務内容、また酒造業界全体についてもお
教えいただければ幸いでございます。
　お忙しいところ、勝手なお願いで恐縮ではございますが、何
卒よろしくお聞き届けいただけますようお願い申し上げます。
　②この手紙が届きましたころに、お電話させていただきますの
で、ご都合をお聞かせいただければと存じます。
　まずは、お願いまで申し上げます。　　　　　　　　敬白
　　○年○月○日
　　　　　　　　　　　　　　　　　　　　　　　　山村良和

①面識のない相手に手紙を書く場合は、自己紹介、紹介された経緯などをきちんと
　説明する。文面も丁寧すぎるかなと思うくらいで、ちょうどよい。
②手紙が到着して1、2日してから電話連絡をして、相手の都合を聞くようにする。

企業への先輩社員紹介のお願い

東京住宅株式会社
　　人事部採用課御中

拝啓　時下ますますご清栄のこととお喜び申し上げます。
　さて、突然のお手紙で失礼いたします。私は、明南大学理工学部3年に在学しております、塚原政也と申します。現在就職活動を行っており、貴社の経営方針、人や環境を大切にした住宅造りなどに、大変興味を持っております。
　そこで、実際に貴社で働いている方のお話を伺いたく、大学の就職課に問い合わせたのですが、貴社には卒業生がいないということでした。
　つきましては、お忙しいところを恐縮ですが、貴社の社員の方をどなたかご紹介いただき、お話を聞かせていただけないでしょうか。後日、お電話させていただきますので、お手数をおかけいたしますが、何卒よろしくお願いいたします。
　　　　　　　　　　　　　　　　　　　　　　　　　　敬具

　　○年○月○日

　　　　　　　　　　　　　　明南大学理工学部3年
　　　　　　　　　　　　　　塚原政也
　　　　　　　　　　電話070-4341-○○○○

①採用担当部署への手紙なら、依頼内容とその理由を、わかりやすく簡潔にまとめる。
②こちらがお願いする立場なので、後日電話する旨を書き添えておく。

就職仲介のお願い(親しい先輩へ)

野川佳奈子様

拝啓　風薫るさわやかな季節、お元気でお過ごしのことと存じます。
　①本日は、野川先輩に、就職の件で折り入ってお願いがあり、ご連
絡いたしました。就職活動の時期を迎え、企業研究を行っておりま
すが、希望する出版業界の求人は少なく、大変厳しい状況です。私
の第一志望の山手出版株式会社でご活躍されているお立場から、お
口添えなどいただけないかと思い、ご連絡いたしました。②
　ご多忙の折、このような厚かましいお願いで大変恐縮ですが、何
卒よろしくお願いいたします。
　近日中にお電話させていただきますが、まずは書面にてお願いま
で申し上げます。　　　　　　　　　　　　　　　　　敬具
　　　○年○月○日

　　　　　　　　　　　　　　　　　　　　　　　　　原田典子

●コネを依頼する場合、本当に入社したい第一志望の企業に関係者がいる場合は積
極的に働きかけよう。
●しかし、すべり止め的な企業で、もし内定が出ても入社の可能性が低い場合は、
安易に頼まないほうがよい。後で内定を辞退するときに、相手に迷惑をかけてし
まう。
①お願いごとの手紙は時候の挨
　拶を短めにし、「お願いがあ
　ります」とスパッと切り出し
　たほうがさわやかな印象に。
②親しい間柄なら、率直に自分
　の希望を述べる。

就職仲介のお願い（家族の知人へ①）

藤崎光太郎様

拝啓　向暑の候、ますますご健勝のこととお喜び申し上げます。いつも父が大変お世話になり、誠にありがとうございます。

　さて、すでにお聞き及びのことと存じますが、このたび私の就職活動につきまして、藤崎様にぜひお力添えをいただきたく、お手紙を差し上げました。私は、○年春に城東大学外国語学部を卒業の見込みで、以前より、総合商社への就職を希望しております。自分なりに総合商社の企業研究を進めておりましたところ、藤崎様の兄上様が第一商事株式会社の要職についていらっしゃると、先日父から聞きました。

　第一商事は世界中に強力なネットワークを持つ業界最大手の企業で、私の第一志望の会社です。そのような会社に勤務されている方にお会いして、いろいろとお話を伺い、ご相談できましたら、どれほど心強いかわかりません。大変厚かましく心苦しいのですが、ぜひとも第一商事に入社いたしたく、図々しくもご連絡申し上げた次第です。

　何卒、兄上様によろしくお伝えくださいますよう、お願いいたします。近日中に、父とご挨拶に伺いたく存じますが、まずは書面にてお願いまで申し上げます。　　　　　　　　　　敬具

　　○年○月○日

　　　　　　　　　　　　　　　　　　　　　　　　森本弘和

①相手の名前が行の後半にこないように注意しよう。自分に関することは行頭にこないように、形容詞などを入れて文章の長さを調節する。無理な場合は、空白を作ってもかまわない。

②自分でも厚かましいお願いだということを知りつつ、それでも助けがほしいという気持ちと、相手に対する申し訳ないという気持ちを表現しよう。

就職仲介のお願い（家族の知人へ②）

株式会社エイト機械
　営業部国際統括課
　榎本康春様

謹啓　初夏の候、榎本様におかれましては、いよいよご清栄のこととお喜び申し上げます。

　突然お手紙を差し上げる失礼をお許しください。私は杏南大学経済学部計量経済学科３年の小林基雄と申しまして、中央銀行神田支店に勤務しております小林幹雄の弟でございます。

　現在、就職活動をしておりまして、大学で専攻しています統計分析の知識を生かせる機械メーカーを希望しております。

　なかでも、榎本様の勤務なさっている株式会社エイト機械は、コンピューター界をリードする最先端技術の企業として、私の第一志望です。先日、会社説明会に参加させていただきました。ところが、屈指の業績を誇る優良企業として大変人気が高く、希望者が殺到している様子です。

　そこで、厚かましくも、兄が懇意にさせていただいているご縁に甘え、榎本様にお力添えをいただければと、ご連絡を差し上げた次第です。非常に不躾なお願いで恐縮ではございますが、榎本様を通じて、貴社の人事部長様にお目にかかるわけにはまいりませんでしょうか。ご高配いただけましたら、大変幸甚に存じます。

　お忙しい折に、勝手なお願いで申し訳ございませんが、何卒よろしくお願いいたします。近日中にお電話させていただきますが、まずは書面にてお願いまで申し上げます。　　　　　　　　　　　　　　　敬白

　　　○年○月○日

　　　　　　　　　　　　　　杏南大学経済学部計量経済学科３年
　　　　　　　　　　　　　　小林基雄

①仲介相手とそれほど親しくない場合は、最大限の敬語を使い、丁重に依頼する。
②「厚かましい」「不躾」「図々しい」など、へりくだった表現は連発しないで文脈に合わせて使う。

お礼を言う

◆ 資料送付のお礼 ◆

株式会社H＆N

　人事部人事課御中

　①拝啓　このたびは資料をご送付いただきまして、誠にありがと
うございました。

　さっそく、拝読させていただきましたところ、②貴社独自の人
と自然を大切にした商品開発をされている姿勢が伝わってきま
した。入社してそのような仕事に携わりたいという意欲がます
ます強くなってまいりました。

　会社説明会にもぜひ参加させていただきたく存じます。

　今後もたびたびご連絡をさせていただくことと思いますの
で、どうぞよろしくお願いいたします。

　まずは取り急ぎ、お礼を申し上げます。

　　　　　　　　　　　　　　　　　　　　　　　　　①敬具

　　○年○月○日

　　　　　　　　　　　　　　　　　　　　　　津山伸和
　　　　　　　　　　　　　　　　　　　　（東西大学商学部）

●資料請求をした企業から資料が届いたら、早めにお礼状を出す。

●お礼状は封書が基本だが、担当者のメールアドレスがわかれば、Ｅメールでもか
　まわない。

①メールの場合は、頭語・結語を省略する。（P.237参照）

②資料をよく読んで、その企業のここだと思うポイントを、文面の中に盛り込むよ
　うにするとよい。

先日はお忙しい中、貴重なお時間をいただきまして、
本当にありがとうございました。
経営方針や印刷業界の現状といったお話を伺うだけではなく、
会社の中まで案内していただき、感激しております。

① 印刷には、コンピューターと直結した最先端の技術が生かされ
ていることが、よくわかりました。
今後、さらに企業研究を深め、先輩と同じ職場で働きたい、と
意欲を新たにしました。
先輩のアドバイスを忘れずに、悔いのないよう努力します。

これからも何かとご相談させていただきたく存じますので、
よろしくお願いいたします。
まずは取り急ぎ、お礼まで申し上げます。

● 先輩やOB・OGにアドバイスをしてもらったら、すぐにお礼状を出すことが大
切。上のようにEメールでもOK。タイミングが遅れると相手に対して失礼であ
り、不誠実な印象を与える。
● 忙しいところを自分のために時間を費やしてもらったことや、有意義なアドバイ
スをしてもらったことなどに対して、心からの感謝の言葉を素直に伝えよう。
① 実際に話を聞いて、どのようなことを感じ、印象に残ったかなど、具体的に書く
ようにする。

OB・OG訪問のお礼(親しい先輩へ②)

東山啓一様

①昨日はお忙しいところ、また、私のために貴重な時間を割いていただきまして、ありがとうございました。久しぶりに先輩とお会いしてとても楽しかったです。

これから本格的に就職活動に臨む私にとって、先輩の言葉はどれも参考になることばかりでした。社風や経営方針、具体的な仕事内容、さらに、業界全体のお話まで広くお聞きすることができて、大変勉強になりました。

とくに、お客さまへの徹底したサービスぶりには、ホテルスタッフとしてのプロの誇りを感じました。

②先輩にお会いして、仕事はハードでも、人との出会いなど感動することも多く、やりがいのあるこの業界で働きたいという気持ちが固まりました。今後は、説明会や面接で自分の意欲をアピールできるよう、頑張りたいと思っております。

③結果がわかりましたら、またご報告させていただきます。今後ともご指導のほどよろしくお願いいたします。

これから寒い季節に向かいますので、風邪などひかれませんよう、くれぐれもご自愛なさってください。

まずは取り急ぎ、お礼を申し上げます。

　　○年○月○日

　　　　　　　　　　　　　　　　　　　　早坂尚樹

①親しい先輩なら、頭語を省略して、「先日はありがとうございました」という感謝の言葉から書き出してもOK。その場合、結語も省略する。
②ただ「ありがとう」というだけでなく、どのように自分に有意義だったのか、具体的に述べるようにする。
③一度アドバイスをもらったら、経過報告も忘れないように。

◆◆ OB・OG訪問のお礼（初対面の人へ）◆◆

株式会社宇宙製薬　総務部広報課
　沢口徳子様

拝啓　過日は、大変なご多忙中にもかかわらず、お時間を割い
てくださり、誠にありがとうございます。
　同じ大学の先輩というだけで、一面識もない私の不躾なお願
いに快く応じてくださって、心より感謝いたしております。大
学で専攻した薬学の知識を生かして、医薬品メーカーを志望し
てはいましたが、具体的な仕事内容がよくわかっていませんで
した。
　おかげさまで、株式会社宇宙製薬についてばかりでなく、医
薬情報担当者という仕事、また貴社でどのようにキャリアを築
いていけるのかなどがはっきり見えてまいりました。
　直接患者さんに接してはいないけれども、いつも患者さんの
ことを思って働くという皆様の意識に感銘を受けました。
　沢口様のように、自分の仕事に誇りを持ってはつらつと働く
女性を目指して頑張りたいと思います。
　まずは取り急ぎ、お礼まで申し上げます。

敬具

　○年○月○日

岸本有美子

●初めて会った目上の相手へのお礼状は便箋に手書きが好感を持たれる。便箋は白
無地か、白地に黒またはグレーの罫線入りがよい。ボールペンの使用は避け、万
年筆で書くこと。できるだけ早く投函しよう。

面接後のお礼（企業へ）

拝啓　貴社ますますご清栄のこととお喜び申し上げます。

　○月○日に面接を受けさせていただきました、桜聖大学文学部英文学科3年に在学しております、島田美奈子と申します。面接のために貴重なお時間を割いていただきまして、ありがとうございました。

　現在私は、アパレル業界を中心に就職活動を行っておりますが、とくに貴社の斬新な商品開発に強くひかれております。今回の面接で、貴社に入社したいという意欲がますます高まりました。ぜひ貴社の一員となり、皆様にご指導いただきながら、いっしょに働かせていただきたいと願っております。

　取り急ぎ、面接のお礼を申し上げます。

敬具

●面接後にお礼状を出すのは、就職活動では常識である。社会人としてもマナーを身につけていることをアピールでき、企業側にも好感を持たれるので、必ず出そう。
●それまでの人事担当者との連絡がメール中心であれば、メールでもOK。とにかく早く送ることが好感度アップのポイント。
①企業は多くの応募者を面接しているので、面接を受けた日を明らかにする。
②第一志望の企業であれば、「これまでも貴社が第一志望でしたが、今回の面接でますます……」などとするとよい。

就職仲介のお礼①

① 先日は勝手なお願いをご快諾いただきまして、
誠にありがとうございました。
早速、株式会社アイケーの三上様にご連絡をとらせて
いただきました。
② おかげさまで、○月○日にアイケーを訪問させて
いただけることになりました。

今後も経過および結果などにつきまして、
ご報告させていただきます。
朗報をお伝えできるよう努力していきたいと
思っております。
③ 取り急ぎメールにて、お礼かたがたご報告まで申し上げます。

●就職の仲介をお願いして、相手から面談の承諾をもらったら、紹介してくれた人にすぐお礼状やお礼のメールを送ること。
●OKがもらえなくて断られた場合でも、きちんとお礼と報告をしておこう。
①まず、紹介の労をとってくださった相手に対するお礼を述べる。
②もし断られてしまったとしても、紹介してくれた人を責めるような言葉は使わないようにして、「残念ながら先方のご都合が悪かったようで、あまり順調にはまいりませんでした」という程度にとどめる。
③早くお礼を言うことが大切なので、メールでもOK。

就職仲介のお礼②

宮本悦郎様

拝啓　秋の気配が感じられる今日このごろ、宮本様にはお健やかにお過ごしのこととお喜び申し上げます。

　先般は稲葉様をご紹介いただきまして、誠にありがとうございました。ご多忙の折、いろいろとご尽力賜りましたことに、心よりお礼を申し上げます。

　おかげさまで、○月○日に株式会社博伝社を訪問させていただきまして、経営方針、事業内容などについて詳しく知ることができました。とくに、稲葉様の所属されている経理部では、①皆様が生き生きと働いている様子を拝見し、日常業務についてもわかりやすく説明していただきました。ますます入社したいという気持ちが強くなりました。

②これから、筆記試験、面接と進みますが、よい結果をご報告できるよう精一杯頑張ります。

　末筆ながら、宮本様のますますのご健勝をお祈りいたします。まずは取り急ぎ、お礼かたがたご報告まで申し上げます。

敬具

○年○月○日

岡本佐智子

①紹介してもらった相手と会ったり、会社訪問をすませてからのお礼状なら、丁寧に経過報告をする。
②就職活動のその後の経過については、実際に会っていただいた相手はもちろん、その会社を紹介してくれた人に対しても、きちんと報告をしよう。

ありがとうございました

内定したときのお礼（企業へ）

　　ダイヤ食品株式会社

　　　人事部人事課　　山形啓一郎様

　　拝啓　　陽春の候、貴社いよいよご隆盛のこととお喜び申し上げ
ます。

　　先日は、内定のご連絡をいただきまして、誠にありがとうご
ざいました。

　　ＯＢ訪問や会社説明会、面接を通じて、大勢の貴社の方にお
会いし、お話を伺うことができました。やりがいと責任感を持
って意欲的にお仕事をなさっている先輩方と、来春からいっし
ょに働くことができると思うと、喜びでいっぱいです。

　　ご採用くださった皆様のご期待に応えられるよう、日々努力
を重ねてまいります。今後もいろいろお世話になることと存じ
ますが、ご指導のほど、どうぞよろしくお願い申し上げます。

　　　　　　　　　　　　　　　　　　　　　　　　　　　敬具

　　　○年○月○日

　　　　　　　　　　　　　　　　　　　　　　海老沢真理子
　　　　　　　　　　　　　　　　（芳成大学経済学部経済学科４年）

●いよいよ内定したら、その企業に内定するまでにお世話になった人たちにお礼状
　を出そう。入社後も続く人間関係をスムーズにするためにも、感謝の気持ちを表
　すことが大切だ。

①Ｅメールにする場合は、頭語と結語、時候の挨拶は省略する。代わりに、「○○
　大学○○学部３年の□□□□です」のように、冒頭で名のるようにする。

内定したときのお礼（OB・OGへ）

　ＥＷシステム株式会社

　　研究開発部　野田和之様

　拝啓　桜の花も満開になりました。

　　野田様におかれましては、いよいよご健勝のこととお喜び申し上げます。

　　先日、貴社人事部の鈴木様から、内定のご連絡をいただきました。厳しい就職活動を乗り越え、うれしい内定のお知らせをいただくことができましたのも、野田様に有意義なアドバイスをいただき、心の支えになっていただいたおかげです。心から感謝しております。どうもありがとうございました。

　　入社いたしましたら、全力をあげて職務に励み、一日も早く貴社の戦力になれるよう、精進してまいります。

　　今後も引き続きご指導くださいますよう、どうぞよろしくお願い申し上げます。

　　　　　　　　　　　　　　　　　　　　　　　　　敬具

　　○年○月○日

　　　　　　　　　　　　　　　　　　　　　原田直樹
　　　　　　　　　　　　　　（西南大学経済学部経営学科４年）

①ＯＢ・ＯＧや企業の若手社員は、人事部の指示を受けたリクルーターとして、応募者の選考そのものにかかわっている可能性がある。内定をもらえたのは、その人が自分を評価してくれたおかげかもしれない、という感謝の気持ちを忘れないようにしたい。

内定したときのお礼（就職仲介者へ）

内田洋一様

拝啓　春の訪れを感じる季節になりました。
　内田様におかれましては、ますますご清祥のこととお喜び申し上げます。
　このたび、念願のＪＰコーポレーションから内定の通知をいただくことができましたので、ご報告申し上げます。厳しい就職活動を乗り切り、ＪＰコーポレーションに入社できますのも、ひとえに内田様のご尽力のおかげでございます。心よりお礼を申し上げます。
　入社いたしましたら、全力をあげて職務に励み、少しでも早くＪＰコーポレーションに貢献できる社員になり、お力添えをいただきました内田様のご厚意に恥じないよう頑張りたいと思っております。
　ご多忙とは存じますが、一度お会いしてご報告かたがたお礼を申し上げたいと思っております。①近いうちにご連絡をいたしますので、ご都合をお聞かせいただければ幸いです。
　まずは取り急ぎ、お礼かたがたご報告まで申し上げます。

敬具

〇年〇月〇日

渡辺政和

●内定通知をもらったら、仲介者と紹介してもらった社員の両方に対してお礼状を。一方だけに連絡して、もう一方は「知らなかった」というのは失礼になるので気をつけよう。
①丁寧なお礼の手順としては、まず、報告兼お礼の手紙を出し、次いで電話で相手の都合を伺い、菓子折などを持参して直接お礼を述べる、という３段階になる。

お詫びをする

お詫びの手紙は1日も早く

●電話、手紙、訪問などの手段を組み合わせて

　失敗の内容によっては、とりあえず電話で連絡をしてお詫びします。本来、お詫びは相手に直接対面してすべきものです。しかし、先方にも都合がありますので、まず電話でお詫びをしましょう。そして、お目にかかって謝りたいという意向を伝えることも忘れないでください。内定辞退などのお詫びでは、いきなり電話するより、まず手紙を出すとよいでしょう。その後、伺って再度お詫びします。

　いずれにしても、「迅速」「丁寧」「誠実」という要素が不可欠です。失敗そのものよりも、失敗にどう対処したかで、人間の器が問われることが多いものです。謝るのは、だれしも苦手です。そこで、潔く、かっこよく謝ることができれば、プレ社会人として一歩前進できるはずです。

●お詫びにはがきは不向き

　はがきは、もともと略式なので、「謝罪する」という目的のためには不向きです。白い便箋を使用し、封筒も白い二重封筒を使いましょう。値段が安いからといって、薄茶色の事務用封筒などは使わないでください。

●言い訳がましく、だらだら書かない

　お詫びの文章は、短くきりっとしたものにします。申し訳ないという心からの謝罪になっていることが一番です。自分が悪かった点、反省している点などが明確に表現されていればよいのです。

　親しい間柄なら、長めの文章で状況説明を詳しく記してもかまいませんが、企業の人事部の担当者などに対しては、あまり長々とした説明は、言い訳がましくなってかえってマイナスです。

●速達で投函する

　内定辞退などの場合、グズグズしていると非常に迷惑です。一刻も早くお詫びの手紙を出すべきです。なるべく速達で手紙を出して誠意を示しましょう。

内定辞退のお詫び（企業へ）

拝啓　貴社益々ご清栄のこととお慶び申し上げます。

　さて、先般は入社内定のご通知をいただきまして、誠にありがとうございました。たくさんの応募者の中から選んでいただき、大変光栄に存じます。

　しかし、一身上の都合により、入社を辞退させていただきたく、ご連絡を差し上げました。会社説明会や面接など、何度もお手数をおかけして選考していただいたにもかかわらず、このようなお願いを申し上げるのは大変心苦しく、申し訳ない思いでいっぱいでございます。

　まったく自分勝手なことでご迷惑をおかけし、お詫びの申し上げようもございませんが、何卒お許しいただきたくお願い申し上げます。

　貴社にお伺いしてお詫び申し上げたいと考えておりますが、まずは書状にて心よりお詫び申し上げます。

敬具

●就職活動の常として、複数の企業を受験することは当然で、結果として、内定を辞退するという状況に陥ることもある。相手の企業には、一刻も早くお詫びをして辞退の意志を伝えよう。

①理由をあれこれと説明せず、潔く謝る姿勢を貫く。間違っても、貴社の雰囲気に合わないなどと、先方のせいにしないこと。

②本来は、訪問してお詫びすべきなので、その希望も添えておくこと。

内定辞退のお詫び（ＯＢ・ＯＧへ）

加藤久雄様

拝啓　初夏の候、加藤様におかれましては、お元気でご活躍のこと
と存じます。

　さて、このたびの就職活動につきましては、大変お世話になりま
して、ありがとうございました。実は、大変申し上げにくいのです
が、いろいろ考えました結果、内定をご辞退させていただきたく、
①人事課の方にも先日ご連絡を差し上げました。

　就職活動を通じて加藤様にお話をうかがうなかで、私もぜひ□□
商事で働きたいという気持ちが強まり、内定をいただいた時点では、
入社することにまったく迷いはありませんでした。ところが先日、
思いもかけず○○出版より内定のご連絡をいただきました。大変迷
②いましたが、長年のあこがれだった出版業界で、自分の力を試して
みようと決意いたしました。

　これまでいろいろご相談にのってくださり、貴重なアドバイスを
くださった加藤様のご厚意に応えられず、誠に申し訳ございません。
貴社の皆様にも、心からお詫びを申し上げます。

　改めて、ご都合のよろしいときにお詫びにお伺いしたいと存じて
おりますが、まずは書状にて失礼いたします。

敬具

　○年○月○日

島津友一郎

①ＯＢ・ＯＧがリクルーターとして人事課と連絡を取り合っている可能性もあるの
　で、両方にきちんとお詫びをする。
②ＯＢ・ＯＧとのつきあいがそれほど深くなければ、他社に決めた経緯や社名は明
　らかにしなくてもよい。

内定辞退のお詫び（紹介者の恩師へ）

江口智宣先生

謹啓　梅雨の候、江口先生におかれましては、ますますお元気でご活躍のこととお慶び申し上げます。

　先日は、いつも失礼をしております私の就職に関しまして、ご高配をたまわり、誠にありがとうございました。お力添えいただきましたおかげで、○○銀行より内定の通知をいただきました。両親も、先生に心から感謝し、大変喜んでおりました。

　ところが先日、すでに不合格と思っていた△△テレビより内定の連絡があったのです。数百倍の競争率と聞いていたので、まったくあきらめていました。銀行員という職業のやりがいは、企業研究や先輩方の話を通じて、よく理解しております。しかし、自分の将来についてじっくりと考えたところ、やはり憧れの職種で自分を試してみたいと思いました。

　もちろん両親は、先生に大変ご迷惑をおかけすると大反対です。私も先生に大変なお力添えをいただきながら、こうした決断を下すことを、ほんとうに心苦しく思っております。○○銀行にも、多大な迷惑をおかけすることになってしまいますが、どうか私のわがままをお許しいただきたくお願い申し上げます。今後は、私の仕事ぶりを通じて、ご理解いただけるよう、努力してまいります。

　近いうちに、お伺いいたしまして、お詫び申し上げたいと存じますが、まずは書面にて失礼いたします。本当に申し訳ありませんでした。

　末筆になりましたが、時節がらくれぐれもご自愛ください。

敬白

　○年○月○日

長峰　浩一

内定辞退のお詫び（就職仲介者へ）

遠藤直行様

拝啓　さわやかな季節となってまいりましたが、お元気でご活躍のことと存じます。

　先般は、ご多忙にもかかわらず、私の就職活動に関しまして、多大なご尽力をいただき、誠にありがとうございました。おかげさまで先日、○○航空からの内定をいただきました。すっかり、客室乗務員になった気分でおりましたが、その後、××研究所からも内定の連絡がありました。かなり迷い、悩みましたが、私の中に研究職として生涯仕事を続けることへの魅力が増していき、○○航空への入社を辞退させていただきたいと考えるようになりました。

　せっかくの遠藤様のご高配を無にすることになり、申し訳なさでいっぱいです。客室乗務員は私の憧れの仕事だったのですが、結婚や出産をしても仕事を続けていきたいと考えたとき、研究職なら無理なく両立できるのではという結論に達しました。いずれにしましても、私の勝手でご迷惑をおかけすることになり、本当に申し訳ありません。

　○○航空の人事部の方にも、お手紙を差し上げたうえでお詫びに伺うつもりでおりますが、まずは大変お世話になりました遠藤様にご報告してお許しいただきたく、お便りいたしました。

　ご都合のよろしい日に、お会いして直接お礼とお詫びをさせていただきたく存じます。後日、お電話をいたしますので、よろしくお願い申し上げます。

　末筆となりましたが、父からもくれぐれもよろしくお詫び申し上げるようにとのことでございます。

　まずは書面にて、取り急ぎお礼かたがたお詫びまで申し上げます。

敬具

　○年○月○日

今野詩織

エントリーシートに動画や写真の添付が必要な場合

　最近では、エントリーシートの提出時に動画の添付を求める企業があります。20〜60秒の短い時間で、たとえば「自身の強み」「自分をよく示すエピソード」「社会人になって成し遂げたいこと」などを自由にアピールせよ、というものです。最初は大手の民放から始まったもので、今のところ大手企業を中心に課題として出されていますが、今後は増えていくものと思われます。

　また、写真の課題も出版社やアパレルなど、クリエイティビティーが求められる企業を中心に出されています。テーマは「あなたらしさを示す写真、タイトルや説明、その写真を選んだ理由」が多くなっています。

動画の撮り方

　動画は、基本的に自宅や大学の教室で背景が白または白っぽい壁面を選び、その壁から30cmほど離れて立ち、家族や仲間に撮影してもらいます（志望先の建造物が見える場所などで撮影した実例もありました）。

　撮影者は本人から3mほど距離をとります。見映えをより良くするため、撮影者役以外にスマートフォンのフラッシュライトを本人に当てるアシスタントも用意したいところです。もしひとりで撮影する場合は、スマホスタンドを使いましょう。

　立って話す場合も座って話す場合も、背筋を伸ばし、良い姿勢を心がけてください。アピールポイントを書いたパネルを持つなど、小道具を用いても良いと思います。

　服装はスーツを着用するのが無難です。

写真の撮り方

　テーマに沿った風景や物などを撮影する課題用の写真とは別に、エントリーシートに添付する自身の写真は、写真館などで撮影してもらうのが常識でしたが、安く撮影してくれるプロのカメラマンをインターネットで探すのも良いでしょう。

　それが間に合わない場合や費用を抑えたい場合は、スピード写真を利用することになりますが、身だしなみや姿勢を正してくれる人がいないので、自身で十分に注意してください。

ひとりで撮影する場合は、スマホスタンドを使うと良い。

仲間や家族に動画を撮影してもらう。後ろの壁からは30㎝ほど離れて。撮影者は本人から３ｍほど距離をとる。

イラスト　佐藤加奈子／高木一夫／輪島正裕／中野サトミ／酒井由香里
執筆協力　小林直樹／阪東恭一（阪東100本塾主宰）
　　　　　「阪東100本塾ホームページ」http://www.banzemi.jp/
編集協力　knowm

本書に関する正誤等の最新情報は、下記URLをご覧下さい。

https://www.seibidoshuppan.co.jp/support

※上記URLに記載されていない箇所で正誤についてお気づきの場合は、書名・発行日・質問事項（ページ数等）・
　氏名・郵便番号・住所・FAX番号を明記の上、郵送かFAXで成美堂出版までお問い合わせ下さい。
※電話でのお問い合わせはお受けできません。また、受験指導は行っておりません。
※ご質問到着確認後10日前後に回答を普通郵便またはFAXで発送いたします。
※ご質問の受け付け期限は2025年4月末日必着となります。

最新最強のエントリーシート・自己PR・志望動機 '26年版

2024年5月20日発行

編　著　成美堂出版編集部

発行者　深見公子

発行所　成美堂出版
　　　　〒162-8445　東京都新宿区新小川町1-7
　　　　電話(03)5206-8151　FAX(03)5206-8159

印　刷　広研印刷株式会社

©SEIBIDO SHUPPAN 2024 PRINTED IN JAPAN
ISBN978-4-415-23846-3
落丁・乱丁などの不良本はお取り替えします
定価は表紙に表示してあります